Willi Winkler

Deutschland,
eine Winterreise

Rowohlt · Berlin

3. Auflage Dezember 2014
Copyright © 2014 by Rowohlt · Berlin Verlag GmbH, Berlin
Alle Rechte vorbehalten
Karte Peter Palm, Berlin
Innentypografie Daniel Sauthoff
Satz Kepler MM PostScript (InDesign) bei
Pinkuin Satz und Datentechnik, Berlin
Druck und Bindung CPI books GmbH, Leck, Germany
ISBN 978 3 87134 796 2

Nie ging einem die Ferne so nah.

César Vallejo

Am besten, ich fange mit dem Schluss an. Ermüdungsbruch lautet die Diagnose, der dunkle Fleck bei der CT ist eindeutig: der zweite Mittelfußknochen rechts gebrochen. Der Orthopäde trägt eine Operationsmaske, sieht aber trotzdem aus wie Peer Steinbrück und kann es nicht glauben: «Achthundert Kilometer? Von Hamburg nach Bayern?» So was hat er ja noch nie gehört. «Alles zu Fuß?» Verschärftes Kopfschütteln, aber dann fallen ihm doch noch «die jungen Männer» ein, die damals (er sagt wirklich «damals») von der Krim zurückmarschiert sind. «Die hatten nur Knobelbecher!» und natürlich keinen Kernspin, um Verletzungen unter der Haut zu diagnostizieren. Der Bruch scheint den Arzt zu freuen. «Das wird ganz von allein heilen», sagt er und sagt nicht: So viel Strafe muss sein.

Am Anfang stand ein Gelübde, leichtsinnig abgelegt vor fast zwanzig Jahren. Wenn, so der fromme Wunsch, wenn die FDP doch endlich aus dem Bundestag fliegen würde, dann würde ich zum Dank eine Fußwallfahrt zur Schwarzen Madonna von Altötting unternehmen. Das ist guter Brauch in Bayern, eine mehrstündige Anwanderung, vielleicht auch über mehrere Tage, den größten Teil der Strecke allerdings im Bus absolviert und immer zusammen mit weiteren Pilgern, die restlichen Kilometer dann tatsächlich zu Fuß, um nach vielen Rosenkränzen und Muttergottesanrufungen, den letzten leichten Berg hinauf, endlich den großen Platz in Altötting zu erreichen, die Gnadenkapelle vor Augen, in der die Herzen der bayerischen Könige, in schöne Silberkapseln gefasst, vor dem wundertätigen Bild der Madonna aufgehängt sind. Die Kapelle ist rundum mit Votivbildern behängt, auf denen in naiver Malerei dargestellt ist, wie sich Menschen aus der ganzen Welt in Not, Elend und Gefahr der Maria von Altötting anempfahlen und Rettung und Heilung erlebten. Kreuze erinnern an die vielen Gebete, Krücken, Schienen, Kugeln an die erlittene Unbill, von der einen das Gelübde befreite.

Deshalb war es natürlich ein bisschen frivol, das Altöttinger Gnadenbild mit einem doch recht irdischen Wunsch zu behelligen. Andererseits die FDP: War sie nicht für jeden rechtdenkenden Menschen eine schlimme Plage, ein hartnäckiges Übel, von dem einen nur großer persönlicher Einsatz, ein richtiges Opfer würde erlösen können?

Fromm war der Wunsch dennoch, weil es einfach zu unwahrscheinlich schien, dass er je in Erfüllung gehen sollte. Die FDP gehört seit Gründung der Bundesrepublik zu deren Grundausstattung, sagen die Unterstützer der FDP. Bei der Wahl am 22. September 2013 kam die Grundausstattung aber nur mehr auf 4,8 Prozent. Meine Freude am Wahlabend war riesengroß, fast schon unbeschreiblich, das Vertrauen in die parlamentarische Demokratie wiederhergestellt.

Wahltag ist Zahltag, das Gelübde, das einst vor Zeugen abgelegt wurde, durfte nicht missachtet werden. Doch gleich befiel mich der Kleinmut, schlich sich Unreines in meine Gedanken: Muss das wirklich sein? Wirklich von Hamburg aus? Gilt es nicht auch bei besserem Wetter? Oder mit dem Fahrrad? Wochen und Monate wurde die Einlösung des

Gelübdes hinausgeschoben, Wochen und Monate gingen statt meiner ins Land, es wurde Herbst, es wurde kälter, schließlich kam der Winter.

Noch mehr Bedenken. Vor zwölf Jahren wollte ich Werner Herzog nachwandern, der sich von München nach Paris aufmachte, nachdem er gehört hatte, die Filmkritikerin Lotte Eisner, der er und der junge deutsche Film so viel verdankten, sei lebensgefährlich erkrankt. Wenn er zu Fuß zu ihr reise, so fasst Herzog seine Wette mit dem Schicksal in dem Buch «Vom Gehen im Eis» zusammen, könne Lotte Eisner gar nicht anders, als am Leben zu bleiben. 2002 bin ich wie Herzog in München-Pasing in grob westlicher Richtung losgegangen, völlig unvorbereitet allerdings, nach einem längeren Flug irgendwie verbogen, mit lumpigen Schuhen, und hatte noch nicht einmal den Rhein erreicht, als ich wegen beidseitiger Sprunggelenksentzündung aufgeben musste. (Ein wenig über diese Kränkung hinweggeholfen hat mir, als ich vor kurzem las, dass Lotte Eisner, die damals tatsächlich ihre Erkrankung überlebte, Freunden amüsiert erzählte, der große Wandersmann sei seinerzeit mit dem Zug in Paris angekommen.)

Altötting, sagt der Routenplaner, liegt sechshundertachtundachtzig Kilometer von Hamburg entfernt. Der Routenplaner hat immer recht, aber er denkt natürlich nicht an unbewaffnete Wallfahrer, sondern führt einen mit Vorliebe an Bundesstraßen entlang, wo die Pendler-Autos sich von dem einsamen Fußgänger bedrängt fühlen. Der Wanderer hat auf der Straße nichts verloren. Der Wanderer soll sich auf den Jakobsweg verdrücken oder vielleicht auf irgendwelchen Saumpfaden in den Bergen versuchen, ein besserer Mensch zu werden. In Deutschland ist er seltsam oder noch schlimmer: ein Verkehrshindernis.

Knapp siebenhundert Kilometer, das sind bei dreißig Kilometern am Tag dreieinhalb Wochen, Ruhetage, Schneestürme und Malaria nicht gerechnet. Vier Wochen also, das sollte möglich sein. Welche Strecke? Abkürzungen sind naturgemäß nicht möglich. Der Routenplaner schlägt die B 4 vor, Lüneburg bis Braunschweig fast schnurgerade von Norden nach Süden, aber dann? «Aber abseits, wer ist's? / In's Gebüsch verliert sich sein Pfad, / Hinter ihm schlagen / Die Sträuche zusammen. / Das Gras steht wieder auf / Die Öde verschlingt ihn.» Mein lieber Mann, der Goethe traute sich was! Aber eine Harzreise im Winter? Was, wenn es die Straßen richtig zuschneit? Lieber nicht. Lieber im Norden daran vorbei, dann die Saale aufwärts durch den Thüringer Wald, und das ist dann erst die Hälfte. Der Rest wird sich schon finden.

Die Wallfahrt – Altötting als Ziel, der Triumph über die FDP – soll genügend Zugkraft entwickeln, dass ich nicht wieder abschlappe auf halber Strecke. Die Ausrüstung ist entscheidend, sagen die Profis, das Wichtigste ist die Ausrüstung. Die Profis trekken um den Annapurna in Nepal, durchqueren die Anden oder wenigstens die Rocky Mountains, sind braungebrannt wie Luis Trenker und arbeiten, wenn sie nicht gerade mit Bären oder Kolibakterien ringen, im Outdoor-Laden und erklären dem Neophyten mit professionell gebremstem Mitleid, worauf es ankommt.

Genau genommen kommt es auf alles an: Skiunterwäsche, Teleskopstöcke, Strümpfe, Thermo-Anorak, Fleecejacke, Handschuhe für zwanzig Grad minus, Frostschutzcreme, Ohrenschützer und vor allem Schuhe, gut eingelaufene Schuhe. Das Einlaufen ist ein schöner Vorwand, die Abreise weitere zwei Wochen hinauszuzögern. Ein Kompass muss her, ohne Kompass geht es nicht. Sonst keine große Planung;

das Wetter, die Tagesform, das Schicksal oder die Laune entscheiden über Strecke und jeweilige Länge einer Etappe. Die Herbergen, in denen die Pilger einst aufgenommen wurden, zu siebt in einem Bett schliefen, mit der Wirtstochter noch schnell ein hundertprozentig katholisches Kind zeugten und am Morgen in ihrem Blute lagen, weil sie dem Räuber den Schnappsack nicht freiwillig überlassen wollten, diese traditionsreichen Herbergen wird es nicht mehr geben, aber dafür doch ausreichend Pensionen am Wegesrand.

1

Lüneburg bietet sich als erstes Etappenziel an. Fünfundzwanzig Kilometer nach einem späten Aufbruch, das ist zu
schaffen, und bestimmt wird man da irgendwo übernachten können. Der gesetzlich vorgeschriebene tränenreiche
Abschied von der Familie. Werde ich Frau und Kinder je wiedersehen? Werden sie mich noch erkennen, wenn ich wieder-
kehre, verwandelt, wie ich es ohne Zweifel sein werde, ein
anderer womöglich? Für die Wallfahrt erspare ich mir allerdings Hamburg und lasse mich an den östlichsten Rand der
Freien und Hansestadt bringen, zum Zollenspieker, wo früher
im Namen Hamburgs begrüßt und kassiert wurde und sich
heute bei gutem Wetter die Motorradfahrer zusammenrotten.

Der erste der siebenhundert Kilometer ist der einfachste:
Die Fähre bringt einen über die Elbe. Der Wind drückt von der
Nordsee her, feiner Regen sprüht mir ins Gesicht. Es ist das
für Norddeutschland bestimmte Wetter, also keine Klagen.
Die konzentrierten Männer auf der Fähre mit ihren harten
Gesichtern, die Möwen, die tiefhängenden Wolken: alles bes-
ter «Tatort»-Existenzialismus. Schlimm ist die Welt, lautet die
Botschaft, aber wir werden auch das überstehen, so wie wir
bisher alles überstanden haben. Eine bessere Einstimmung
kann ich mir gar nicht wünschen. Am anderen Ufer sofort von
Stöckte weg zum Deich, an den Zuflüssen der Elbe, die Luhe
entlang. Kein Mensch draußen, kein Hund, vereinzelt immer-

hin ein paar unerschrockene Wasservögel. Sogar die rüstigen Rentner sind zu Hause geblieben. Unter Planen immer wieder Motorboote, auch viele Autos. Der Norden hat Humor: In einem Vorgarten Wildschweine aus Plastik, in einem anderen sind die Ziersteine in den Farben des HSV gestrichen, weiß und blau, wie die riesige Fahne darüber. Wird auch nicht mehr helfen: Der HSV ist die FDP der Bundesliga.

Das Dörfer- und Straßenvermeiden endet bald, der Weg nach Lüneburg mündet in die B 4. Es sind noch zehn oder elf Kilometer bis zum Zentrum, das in der beginnenden Dezemberdunkelheit eher ferner zu rücken scheint. Von jetzt an regieren die Lastwagen, und es folgt die endlose und endlos öde Batterie von Automarkt, Tankstelle, Supermarkt, Gartencenter, McDonald's und noch einem Automarkt. Diese sparsame Möblierung wird sich baugleich vor jeder Stadt wiederholen, ein riesiges Gewerbegebiet, geplant ausschließlich für die autofahrende Kundschaft. Fußgänger sind hier nicht vorgesehen, schon weil sie sähen, wie rücksichtslos hässlich diese Niemandsbucht angelegt ist.

Keiner ist so verrückt, im Feierabendverkehr an der Ausfallstraße langzugehen, aber es ist der schnellste Weg nach Süden, auch der einzige. Erschöpft, ausgekühlt und bereits unterzuckert in einen Supermarkt, irgend-irgendwas essen, damit es weitergehen kann. Es ist wie eine Rückkehr in die Hochzivilisation. Unterwegs war niemand zu grüßen, niemand nach dem Weg zu fragen, es gab überhaupt niemanden, allenfalls die stumme und zunehmend erbitterte Zwiesprache mit den herandrängenden Autos. Und jetzt mit einem Mal wieder künstliches Licht, Wärme, andere Menschen, überhaupt Menschen. Das vertraute Geschiebe an der Kasse zum Feierabend: die alleinstehende Akademikerin, die sich noch schnell mit einer Pizza und der Flasche Wein für den Abend eindeckt; das quengelnde Kind vorn im Einkaufswagen, das die erpressten Gummibärchen selber über den Scanner ziehen will; die Teenager, die sich gegenseitig mit dem Handy fotografieren und sich dann die Bilder zeigen.

Die Innenstadt von Lüneburg ist die Ankunft in der Vorweihnachtshölle. Nach der grauen Elbniederung und den grauen Lastern plötzlich der rauschgoldengelblonde Lärm des norddeutschen Christkindlmarkts. Es war nur ein halber Tag allein draußen, aber schon machen mir die Mitmenschen Mühe durch ihr bloßes Da- und In-zu-großer-Nähe-Sein. Nicht viel anders müsste sich jemand fühlen, der von Außerirdischen in deren Raumschiff geführt wird. In den Rathausarkaden gospelt ein braver Chor, Nikoläuse bimmeln, Kinder quäken, Mütter schniefen; gebrannte Mandeln und nachgemachte russische Pelzmützen vervollkommnen die Disney-Schneekugel.

Inzwischen regnet es heftig, zum Glück finde ich bald ein Hotel. Im Restaurant esse und trinke ich wie ein mit knapper Not geretteter Schiffbrüchiger, wahrscheinlich in der Ahnung, dass es lange Zeit nichts Vernünftiges mehr geben wird. Ein flüchtiger Bekannter kommt auf mich zu, unterm Arm antizyklisch den Klavierauszug für die Johannes-Passion. Der Mann ist Lehrer, er war bei der Chorprobe und wird in der Karwoche Bach aufführen. Ohne Vorwarnung folgt ein raum- und zeitloses Gespräch über alles zwischen der Kritischen Theorie und dem Antijudaismus bei Johann Sebastian Bach. Wie soll man da wieder hinaus in dieses ekelhafte Wetter?

Aber noch bin ich ja geborgen, in einer Stadt mit Supermarkt, Sportgeschäft und Apotheke. Lüneburg wird ein zweites Mal Aufbruch bedeuten, und dann endgültig. Ich rüste mich in diesem letzten Vorposten der Zivilisation: eine Stirn-lampe für die nächste allzu frühe Dämmerung; Leuchtstreifen für Brust, Schultern und Beine, damit die Autos sehen, wen sie totfahren; als Wegzehrung: 1 Apfel, 1 Banane, 1 Tafel Schoko-lade; für den Notfall: Traubenzucker. Alles andere wäre zu viel Gewicht. Es wird ernst. Es ist, denke ich mir hochgemut, als ginge es von St. Louis nach Westen, wo die roten Kerle wohnen und der Weiße Mann den Elementen zu trotzen hat. Auf dem Postamt lasse ich die eben langgeschraubten Teleskopstöcke stehen und muss noch mal zurück. Irgendwas will nicht.

Die Lüneburger ahnen nichts von dem großen Projekt und gehen ungerührt ihrer Arbeit nach, was immer die sein soll: Weihnachtsmarkt besuchen, Lebkuchen backen, Lärm machen. Ein paar müssen auch an die Uni, an der schon Hein-rich Heine verzweifelte. Ein halber Alien, der im roten Anorak an ihnen vorbeistakst, fällt da nicht auf; ist ja bald Weihnach-ten.

2

Am nächsten Morgen an der Bushaltestelle Schüler mit glasigem Blick, die Zigarette noch schnell angeraucht, ehe sich die Tür öffnet. Ein Glück, dass sie den lächerlichen Auf-tritt eines Mannes nicht sehen, der vor lauter Zivilisations-fluchttrieb die Stöcke so regelmäßig auf den Boden haut, als ginge es über den zugefrorenen Bodensee.

Erste Schwierigkeit: Wie finde ich aus der Stadt heraus? Das Navi weist den Weg, aber ob es der richtige ist, lässt sich in der Innenstadt gar nicht sagen. Wo ist Norden, wo Süden? Als müsste sich jemand mit aller Gewalt über mich lustig machen, taucht an der endlich gefundenen Ausfallstraße ein Hinweisschild mit der Flurbezeichnung «Pilgerpfad-Süd» auf. Und so beginnt unwiderruflich die Hölle der Bundesstraße, zunächst senkrecht von Norden nach Süden durch die Bäume gefräst, voller Laster, die die Maut auf der Autobahn vermeiden wollen, ihr Krach noch jedes Mal verstärkt, wenn es durch den Wald geht.

Dennoch bin ich froh, dass jetzt die Richtung stimmt und es nur noch vorwärtsgehen soll. Karl Philipp Moritz hat die Aufbruchslust 1786 im Ur-Buch aller weltlichen Wallfahrer beschrieben, im «Anton Reiser»: «Und einst, da sie an einem warmen aber trüben Morgen vors Thor hinausgingen, sagte Iffland, dieß wäre gutes Wetter, davon zu gehen – und das Wetter schien auch so reisemäßig, der Himmel so dicht auf der Erde liegend, die Gegenstände umher so dunkel, gleichsam als sollte die Aufmerksamkeit nur auf die Straße, die man wandern wollte, hingeheftet werden.»

So reisemäßig das Wetter: Das Winterwetter kann oder müsste sogar eine existenzielle Bedrohung sein, es hat bloß keine Lust dazu. Es ist nicht warm, wozu ist es schließlich Winter, aber auch nicht kalt, jedenfalls nicht kälter, als der Körper verkraftet, solange er in Bewegung ist. Der Rucksack wiegt keine zehn Kilo, er wärmt den Rücken, und die Stöcke geben den Takt vor. Der Wind weht manchmal heftiger, gut, aber das ist der Norden: flach, menschenfeindlich, dann wieder flach.

Ein Graffitteur hat netterweise an eine Scheune die Mahnung «Never walk alone» gepinselt, doch ergeht dieser Imperativ zu spät. Pilgern kann zwar eine rosenkranzleiernde Massenveranstaltung sein, doch dazu bräuchte es Gleichgesinnte, ähnlich Leidensbereite, die die absurde Freude an einer komplett sinnlosen Wanderung durch Niesel, Graupel und Lkw-Abgase empfinden können. Niemand würde auf die Idee kommen, mich auf dieser so wenig romantischen Strecke zu begleiten. Bis Melbeck die grausame Ausfallstraße, vier, fünf Kilometer wahrscheinlich bloß, aber sie scheint nicht aufzuhören. Dann plötzlich und unerwartet eine Nebenstrecke und: die Heide, also krumme Straßen, Bauernhöfe, geizige Namensvergabe (Eitzen I und Eitzen II). Rechts, im Westen, eine Formation elliptisch angeordneter Wolken, der Himmel blassgolden, ein Ensemble, wie gemalt für die barocke Entrückung eines Heiligen. Siebenhundert Kilometer noch!

Oder sechshundertachtzig, und das heißt vor allem: weiter, immer weiter. Vom frühen Nachmittag an die Abwägung: Wie weit schaffe ich es, und gibt es da ein Zimmer? Im Winter dämmert es spätestens um halb fünf, nach sieben Stunden auf der Straße muss eine Unterkunft her. In der Lüneburger Heide haben zu dieser Jahreszeit selbst die Pensionen in den Ausflugsorten geschlossen. Das Kloster Ebstorf muss irgendwo in der Ortsmitte liegen, da, wo es besonders dunkel ist. Hier fand man 1830 eine theologische Weltkarte aus dem Hochmittelalter, auf der alle Wege nach Jerusalem führen. Es gibt darauf auch eine Option fürs Paradies. Dafür ist es aber jetzt zu spät.

Auf der Anschlagtafel ist nichts mehr zu erkennen. Mit sacht anschwellender Panik herumfragen bei den wenigen Menschen, die sich mit eingezogenen Schultern überhaupt noch auf die Straße trauen. Schließlich vermietet der türkische Wirt einer griechischen Pizzeria ein ausgekühltes deutsches Fremdenzimmer. Draußen ist Korso der Landjugend, aber die Fenster bleiben eh zu. Im Kissen und in der Zudecke solide Schaumstofffüllung; dafür ist es ein Doppelbett, wenn auch auf der anderen Hälfte Kissen und Decke vorsorglich entfernt wurden.

In der Gaststube unten tagt eine Gruppe schwererziehbarer Jugendlicher mit ihren übellaunigen Aufsehern. Eine dicke Frau sagt zur anderen mit kategorialer Wucht: «Morgen ziehe ich den gestreiften Pulli an.» Der Alleinreisende ist fremd hier und erhält daher das Privileg des indiskreten Lauschens. Er wird nicht wiederkommen, deshalb entsteht auch kein nennenswerter Schaden, wenn man sich vor ihm produziert. Zum Beispiel als Paar. Übers Wochenende sind sie aus Hannover herausgefahren, um auf dem Land endlich das Zwischenmenschliche durchzusprechen. Sie hält seine Hand, er schweigt. Sie erläutert ihm, dass «deine Mimik was ganz anderes ausdrückt, als was du sagst». Er sagt aber doch gar nichts. Die Mimik ist die Mimik und schweigt mit. Die Frau spricht und lässt seine Hand nicht los, bis das Essen kommt. Sie essen schweigend. Nach dem Essen gehen sie schweigend vor die Tür und rauchen schweigend je eine Zigarette. Davor, dabei oder danach haben sie sich offenbar schweigend verständigt und fahren wieder zurück nach Hannover. Von der CD kommt alle zwanzig Minuten der Foxtrott «Weck mich, wenn es Sommer ist».

Von der Anstrengung des finsteren Geradeauslaufens kann ich lange nicht einschlafen. Die Kirchturmuhr zählt jede Viertelstunde bis drei Uhr vor. Schwachsinnige Rechnerei: zwei mal fünfundzwanzig Kilometer sind fünfzig, fünfzig Kilometer sind ein Vierzehntel der Gesamtstrecke, die damit erst nach achtundzwanzig Tagen bewältigt wäre.

3

Im Winter sind die Niedersachsen noch tiefer in sich gekehrt, als sie es im Sommer schon sind. Sie fragen einen also auch nicht nach dem Woher und Wohin und Warum-geradejetzt. Wer will andererseits schon wissen, wie dumm die dummen Schafe hinter dem Zaun schauen, wenn plötzlich ein Wanderer vorbeikommt? Oder wie die auf dem Waldboden gehäuften Buchenblätter in der untergehenden Sonne in einem letzten feuerroten Rausch erstrahlen? Oder warum so viele Bananenschalen am Weg liegen?

Was soll der Geher überhaupt anfangen mit seinem unbeschäftigten Hirn? Gedichte aufsagen oder wahlweise chinesische Vokabeln memorieren? Vor zweihundert Jahren hat Jean Paul in seiner «Selberlebensbeschreibung» das Ich entdeckt; noch im Alter konnte er die Geburt seines Selbstbewusstseins genau angeben: «An einem Vormittag stand ich als ein sehr junges Kind unter der Haustüre und sah links nach der Holzlege, als auf einmal das innere Gesicht ‹ich bin ein Ich› wie ein Blitzstrahl vom Himmel vor mich fuhr und seitdem leuchtend stehen blieb: da hatte mein Ich zum ersten Male sich selber gesehen und auf ewig.» Schön für ihn, aber der Geher wird beim Gehen allenfalls seiner völligen Bedeutungslosigkeit inne. Mitten in Mitteleuropa ist er wie weggesaugt aus der Welt. Nichts, rein gar nichts, kann er mit seinem Kopf anfangen, denn selbst das Hirn wird fürs Fortkommen gebraucht. Die Stille, von der der Jakobspilger vielleicht träumt, die endlich erlangte Gelegenheit zur Meditation, sie findet sich nicht, dafür ist man viel zu sehr mit seinem Körper beschäftigt. Der Geher, der Pilger, der Wanderer kennt unterwegs zwar keinen Menschen mehr als sich selber, aber er wird trotz der schmerzenden Knöchel, die ihn ständig auf seinen beanspruchten Körper zurückverweisen, zu einem Teil des Wegs, er verschwindet in der Landschaft. Sein Schritt ist irrelevant, sein Tempo, gemessen an der Gesamtstrecke, bedeutungslos. In einer Luftaufnahme ginge er endgültig unter. Deutschland ist riesengroß.

Und deutungsbedürftig. In Dreilingen an der Kreuzung hat jemand sein Haus mit Signalzeichen, Andreaskreuz, Baken, Uhr, rotweißer Schranke und Stationsschild als Bahnhof verkleidet. Auf dem Garagendach steht ein Trabbi. Beim Fußball kann er sich nicht entscheiden und hat an der Wand die Fahne sowohl des HSV wie die von Hertha BSC angebracht. Kilometerlang geht der Pilger dann an einem Schießplatz der Bundeswehr vorbei. Ein Schild warnt vor «Knallgeräuschen», es gibt aber keine. Ein Panzer brummt hinter den Schutzbäumen, sonst herrscht Winterruhe oder könnte herrschen, wären nicht die Laster, die auch hier liefern müssen. Es hilft nur gehen, gehen, gehen wie ein Soldat.

Nach dem Wald von Dreilingen kommt ein sonderöder Ort zum Vorschein, ein endloses Straßendorf. Unterlüß wurde um 1848 als Eisenbahnersiedlung errichtet, wurde dann Truppenübungsplatz und Waffenfabrik, hat aber diese betriebsamen Tage lange hinter sich. Die Geschäfte stehen leer, die Gemeinde vergibt günstig Grundstücke an junge Familien, die sich offenbar lieber anderswo ansiedeln. Ein Hotel heißt zu Recht «Unikat», die Eisdiele «Delicia», was sich aber nicht überprüfen lässt; auch sie steht leer. Nach langem Telefonieren findet sich ein Zimmer in ebenjenem «Unikat», beziehbar aber erst um fünf.

Es regnet, es ist kalt, also Aufwärmen an der Kaffee- und Kuchentheke im Netto am Bahnhof. Hier trifft sich die ältere

Generation: ein Mann im Rollstuhl, zwei Frauen. Es geht um die letzten Dinge. Der Mann: «Kommt er jetzt in den Ofen oder auf normale Weise unter die Erde?» Gemeint ist der frisch verstorbene Ehemann einer der beiden Frauen. Wenn sie vom Krankenhaus, vom Krebs, vom Sterben berichtet, muss sie manchmal schlucken, sie hält aber ganz gut mit, wenn der wortführende Mann über Sterben und Tod und die Beerdigungskosten flachst. Was kommt günstiger – Seebestattung oder doch Verbrennen? Die Torte ist noch nicht aufgegessen, da weiß der Rollstuhlfahrer die Antwort: zur Uni Hannover. Überlässt man den Studenten die Leiche, kostet es gar nichts. «Die schmeißen dann weg, was sie nicht mehr brauchen.»

Und weil das Leben doch weitergeht, geht es ungesäumt weiter mit der brennenden Frage, wie wichtig Sex im Alter für den Gemütshaushalt ist. Die Frage bleibt, anders als die der preisgünstigsten Beerdigung, ungeklärt, wird aber in veränderter Form drei Stunden später erneut behandelt. Weil Freitag ist, trifft sich der halbe Ort in der Kneipe. Ein Elternpaar hat sich mit dem Trainer des Sportvereins verabredet, um sich darüber zu beklagen, dass die Tochter von den anderen Schülern gemobbt wird. Der betagte Dorfstenz schwärmt die rothaarige Bedienung an: «Du könntest meine Freundin sein, weil du das hier so toll machst.» Sie ist aber nicht auf den Mund gefallen, sondern fragt ihn gleich, was denn seine Frau an diesem Abend mache. Ungleich wichtiger ist ein anderes Problem: das Vordringen des Wolfs in die Südheide. In der «Celleschen Zeitung» steht, dass der böse Wolf nebenan in Hermannsburg zwei unschuldige Schafe gerissen hat. In der Zeitung steht auch, dass die FDP aus ihrem Umfragetief nicht herauskommt. So geh ich doch nicht allein, die FDP bleibt mir treu.

4

Im Nachbarort Eschede hat sich 1998 das furchtbare Eisen-
bahnunglück ereignet; 101 Menschen starben, als der ICE
884 gegen die überführende Brücke donnerte. Ein Denkmal
erinnert daran. Eine Zeitlang hat der ICE aus Respekt vor
den Toten bei der Durchfahrt gebremst, aber das ist länger
her. Die Druckwelle der gut zweihundert Stundenkilometer
bricht sich an den Kiefern am parallel laufenden Weg. Der
Tag hat im Regen begonnen, was endgültig ausschließt, dass
sich sonst noch jemand draußen aufhält. Irritierend nur das
selbsterzeugte Dauergeräusch der Plastiküberhose. Die Öde
oder doch die Heide verschlingt mich.

Jeder Mensch sollte wenigstens einmal im Leben in Bargfeld gewesen sein, diesem Nicht-Ort in der südlichen Heide,
in dem Arno Schmidt die letzten einundzwanzig Jahre seines
Lebens zubrachte, ehe er in Celle starb, 1979. Für den gestei-
gerten Bedarf oder zur Irreführung allzu neugieriger, aber
nicht hundertprozentig kartensicherer Schmidt-Leser gibt
es Bargfeld sogar zweimal und nur wenige Kilometer von-
einander entfernt. Im richtigen Bargfeld (hundertachtund-
achtzig Einwohner, Stand 2005), zwanzig Kilometer südöst-
lich von dem Nicht-Ort Unterlüß, kaufte sich Arno Schmidt
1958 von seinen Rundfunkhonoraren ein Heidehäuschen
und versteckte sich dort vor der Welt, die ihn eben als großen Autor wahrzunehmen begann. Inzwischen hat es «der
bekannte Schriftsteller», der er nie war und bestimmt nie
sein wollte, auf eine amtliche niedersächsische Wandertafel
mit erstaunlich vielen Rechtschreibfehlern gebracht. Arno
Schmidts Haus steht sicher verwahrt hinter efeuumrankten
Bäumen: blaugrau gestrichenes Holz, klein, sehr klein. Unter

einem Findling, in einer leicht böcklinschen Szenerie, liegt er begraben.

Hier in Bargfeld hat er «Zettel's Traum» geschrieben (der Schriftsteller Stephan Wackwitz nennt das Werk kurz und brutal «Große Kunst und kompliziert ausgearbeiteter Dachschaden»), hinter «6 Fuß hohem Zaun – Maschendraht, mit 2 Schnüren Stacheldraht darüber», der ihm die Sicherheitsverwahrung garantierte, und wenn ihm nach Urlaub vom Schreibtisch war, ging er mit Fernglas und Frau, die das regelmäßig im Foto dokumentierte, in den Wald, in die nicht furchtbar wirtliche Südheide, und fand das offenbar abenteuerlich oder doch erholsam genug, dass er gleich wieder an den Schreibtisch zurückkehrte und weiterschrieb, selbstverständlich nie, ohne der Welt, von der er sich so radikal verabschiedet hatte, bei jeder zweiten Gelegenheit mitzuteilen, wie wenig sie seinen dichterischen Ansprüchen genügte. In den Fünfzigern beschimpfte er Adenauer und Goethe, verlangte, was ihn praktisch zum Kommunisten machte, Gespräche mit der gottseibeiunsigen «DDR» und fürchtete den allfälligen Weltuntergang durch die atomare Hochrüstung. Als er trotzdem den Goethe-Preis erhielt, höhnte er über die «40-Stundn-Wöchner», seine Arbeitswoche habe immer ihre gut hundert Stunden betragen. Allein, versorgt selbstverständlich von einer gutwilligen Frau, wenn auch manchmal nur mit einer Diät auf der Basis von «Maggi pur» und dem einen oder anderen Schluck «Alte Kanzlei», einem für Nichtniederdeutsche ungenießbaren Branntwein, wirkte er im Verborgenen, ein Teil der Heide, selbst für größte Verehrer kaum ansprechbar. Rudolf Augstein soll ihn heimlich aufgesucht haben, Günter Herburger schnallte sich Ski unter und kam durch die Heide und den Schnee, um hier niederzuknien und anzubeten. Dies demonstrative Einsiedlertum, während die wirkliche Welt draußen ihn bis knapp vor den Nobelpreis hochfeierte, hat etwas ungeheuer Rührendes. «Die ‹Wirkliche Welt›? : ist, in Wahrheit, nur die Karikatur unsrer Großn Romane!» Wenn's nur so wäre!

Eine Motorsäge sägt aufmunternd durch das sonst erstorbene Dorf. Der Platz in der Mitte ist für Größeres bestimmt, das aber längst fort ist oder einfach nie kam. In der Gaststätte Bangemann, stolze Adresse «Unter den Eichen», ist es lähmender Samstagmittag. Rauch hängt in der Luft von einer Weihnachtsfeier am Vorabend. Auf Nachfrage gibt es nur eine üble Currywurst. (Fände einen jemand, wenn man danach mit einer Kolik im Wald zusammenbricht?) Aber es ist kalt, ich habe Hunger, es muss sein. Der Wirt steht rauchend im Nebenraum, hakelt mit seinem nörgelnden Sohn um ein neues Handy und kann es nicht erwarten, strengste Schmidt-Schule, dass ich wieder verschwinde.

Das ist tiefes Niedersachsen, immer noch das erste Bundesland seit Hamburg. Schneller geht es aber nicht. Selbst wenn ich mit morgenfrischer Kraft und einer Geschwindigkeit von sechs Kilometern pro Stunde losmarschiere, werde ich vom Asphalttreten so müde, dass es sich zum Abend hin auf vier Kilometer verlangsamt. Das sind pro Tag, denn der Tag ist im Winter kurz, fünfundzwanzig, dreißig, fünfunddreißig Kilometer. An guten, also an besonders schlimmen Tagen werden es mehr als vierzig: dann nämlich, wenn sich im nächsten Dorf kein Zimmer findet, aber vielleicht im übernächsten, zehn Kilometer weiter.

Im nächsten Ort gebe es eine Raststätte, verspricht die Frau, in der habe es Zimmer. Es ist längst dunkel, der Tag war lang, regen- und schmidtreich, ich habe allmählich genug von

der Heide, aber Hohne noch nicht genug vom Weihnachtsmarkt. Die freundliche Frau will eben ihr Café schließen, es
komme jetzt doch keiner mehr. Und nein, in Hohne selbst
gebe es leider nichts. Aber sie telefoniert für mich herum, weil
sie sich, ist doch Advent, meiner erbarmt. Man erwarte mich
in der «Heidequelle». «Das ist nicht mehr weit; am besten
gehen Sie gleich durch den Wald.» Im Nebenzimmer fertigt
sie Gestecke und flicht die saisonal fälligen Zierkränze. «Sind
Sie auf Pilgerschaft?», fragt sie vage interessiert und setzt das
übliche «Bei diesem Wetter!» hinzu. Das Wetter muss ich
nun doch verteidigen, es ist gar nicht so schlecht, vor allem
nicht besonders kalt. Außerdem, kann ich auftrumpfen, gibt
es im Winter wesentlich weniger Niederschläge als im Juli
oder August. «Pilgern, das machen doch jetzt viele», weiß ihr
Mann, der mittlerweile dazugekommen ist. «So wie der vom
Fernsehen, der mit der Königin Beatrix.» Danke sehr, aber
offenbar gebe ich Anlass zu Missverständnissen. Der Mann
sieht nach echter Arbeit aus, wie soll ich ihm meinen winter-
lichen Müßiggang erklären?

Auch er rät zum Weg durch den Wald, das sei besser als
das Gehen auf der Hauptstraße. Und so kommt die Stirn-
lampe, mit der ich wahrscheinlich wie die Grubenarbeiter
vom Wunder von Lengede aussehe, aber trotzdem nicht wie
Heino Ferch, zum ersten Mal zum Einsatz. Am Dorfrand sitzt
die Dorfjugend im Schein ihrer Mopeds und raucht dorf-
jugendlich. Gelächter. Mit Leuchtstreifen an den Beinen und
Schülerlotsen-Kreuzbändern sieht man wirklich aus wie ein
Vollidiot.

Es sind noch mal neun Kilometer, zwei Stunden in bereits
völliger Dunkelheit. Ein paar hundert Meter weiter links verläuft die Hauptstraße mit regelmäßig passierenden Schein-

werfern, die mir jetzt zum Glück erspart bleiben. Im Wald ist niemand. Aber das kann nur behaupten, wer so ahnungslos drauflosmarschiert wie ich. Der Wald ist voll fremden Getiers. Die Löwen, die Giraffen und die Wasserbüffel schlafen zwar schon, doch im Schein der Grubenlampe treiben allerlei nachtaktive Insekten ihr seltsames Spiel. Es ist ein tumultuarisches Hin-und-her-Gefliege, Gebrumme und Gesumme, als hätte grad vor einer halben Stunde die sehnlich erwartete Balz- und Brunftzeit begonnen. Einmal angenommen, es ginge hier keiner durch, sie wären ganz unter sich, die Viecher, was würden sie dann machen? Hat sie das unverhoffte Licht aufgeschreckt, oder treiben sie es immer so bunt? Sind sie bloß nachts aktiv oder auch am Tag, wenn keiner sie bemerkt? Fragen über Fragen.

Zuletzt übersehe ich beinah das riesengroße Schild, das auf meine Rast- und Lagerstätte vorn an der Straße verweist. Das Treppensteigen fällt mir schwer, vor allem die Stufen wieder nach unten, aber wenigstens bin ich untergebracht. Die Wirtsstube ist Treffpunkt der alten Herren. Mit der Gewissenhaftigkeit von Steuerprüfern besprechen sie, wie erfolgreich ihre Söhne und Enkel die ihnen übertragene Firma führen. Das geht natürlich nicht ohne längeres Referat der eigenen Erfolgsgeschichte. So hat der eine über Jahrzehnte seine Spedition aufgebaut, solide gewirtschaftet, den Gewinn nicht entnommen, sondern jeweils in neue Lastwagen investiert. Die großen Aufträge blieben dennoch aus. Zum Glück begleitete einmal ein VW-Vorstand seinen Sohn zum Fußball und sah dabei zufällig den neben dem Bolzplatz liegenden Betriebshof: die Wagen alle gewaschen und in Formation aufgestellt, die Werkstatt aufgeräumt, kein Tropfen Öl am Boden der Zapfstelle, alles sauber. «Warum», so fragte der Mann aus

Wolfsburg den Spediteur, «warum fahren Sie eigentlich nicht für VW?» Seitdem transportiert die Firma für VW Maschinen und Ersatzteile durch halb Europa. Er hat das Geschäft längst seinem Sohn übergeben, an dessen Führungsstil er wenig auszusetzen hat, dafür umso mehr an seinem Privatleben. Der Sohn hat selber erwachsene Kinder, sich jetzt scheiden lassen und eine Neue. «Wir haben doch auch mal irgendwas gehabt, aber deswegen nicht gleich geheiratet!», sagt er und schüttelt den Kopf über diese moderne Welt. Das Gespräch wendet sich nach Art alter Männer längst vergangenen Sekretärinnen zu, wobei wehmütig Erinnerungen ausgetauscht werden. Umso größer das Unverständnis für die neue Schwiegertochter, also für den Sohn. «Und er sagt zu mir: ‹Das verstehst du nicht, Vadda, das ist Liebe.› Ach was, Liebe!», schimpft der Vadda. «Die ist doch nur auf sein Geld aus, und der Dösbaddel merkt es nicht mal!» Da lobt er sich den Enkel, der ihn halligalli aus einer Skihütte im Österreichischen anruft und es dort mit Freunden richtig krachen lässt. «Liebe!», höhnt er noch mal. Zu seiner Zeit gab's so was nicht.

5

Das Weitergehen wird nicht leichter. In der Ortsmitte von Müden ist von einem hundert Jahre alten Denkmal fast nichts und darunter nur eine kaum lesbare Platte geblieben, die an die Hochzeit des Welfenprinzen Ernst August mit der Kaisertochter Viktoria Luise erinnert. Damit wurde 1913 die Feindschaft zwischen Welfen und Preußen beendet, was dann aber auch nicht mehr viel half, weil schon im Jahr drauf der Krieg ausbrach und 1918 ohnehin alle abdanken mussten. Ein weiteres Schild verspricht (köstlich, dieser welfische Humor!): «Hunde dolmetschen leicht gemacht».

Müden liegt am Zusammenfluss von Aller und Oker, aber das Navi weiß nichts von Geschichte und auch nichts davon und leitet mich konsequent auf die Landstraße nach Ettenbüttel, gibt mich in der Bahnunterführung von Leiferde ganz verloren, bringt mich aber dann doch überraschend auf einen teppichweichen Feldweg. In einem Waldstück kommt ein grüner Mann des Wegs, begleitet von seinem Hund und seinem Gewehr. Das Gewehr ruht vorschriftsmäßig, der Lauf nach oben, im Rucksack, der Hund tollt um ihn herum, schnappt spielerisch nach dem Fremden, will ihn wahrscheinlich gar nicht fassen, aber ein Spiel spielen, irgendeins. Ob er der Förster sei, frag ich ihn. Nein, er sei der Jäger. Der Jäger hat eigentlich gar keine Zeit, der Hund drängt, das Mittagessen wartet, aber er ist doch froh, dass er ausgiebig über die Jagd reden und sich über ihre Feinde beklagen darf. Erst neulich sei ihm bei der Treibjagd wieder so eine Aktivistin vors Gewehr gelaufen, um ihn, aber so redet natürlich sie, nicht der Jäger, an seinem blutigen Waidwerk zu hindern. Laut habe sie was von «Lustmörder!» geschrien und es darauf angelegt, dass sie was abkriegt. Sie sei bekannt dafür, die Frau, und werde deswegen auch vom Staatsschutz beobachtet. Die Jagd habe unterbrochen, die Polizei geholt werden müssen, und erst als die Frau fort gewesen sei, hätten sie weitermachen können. Mit dem Schießen? Der Mann fürchtet, wieder so einen Jagdfeind und Vegetarier vor sich zu haben. Natürlich mit dem Schießen. Lust sei da keine dabei, aber wie die Bevölkerung – der Fachmann kennt seine Bevölkerung – sich das vorstelle, ein Wald voller Tiere, sollten die da ungeregelt hausen? Die Wild-

schweine zum Beispiel, die müsse man regelmäßig abschie-
ßen, die vermehrten sich mit einer Rate von dreihundert Prozent, stürmten rücksichtslos über die Felder, zertrampelten
Saat und Ernte. Der Jäger ist im Hauptberuf Bauer, da ist die
Wildsau sein natürlicher Feind. Andererseits, was die Grünen
da im Kopf hätten, ein Wald ohne Tiere! Ich, schüchtern: Aber
das will doch keiner. Doch, die Grünen in Niedersachsen, die
wollten ihrem Wald zuliebe gleich alle Tiere weghaben, «Wald
vor Wild». Verrückt. Traurig schüttelt er den Kopf und dankt
höflich für das Gespräch, also dafür, dass er das mal aufklären
durfte. Nach Bayern? Von Altötting hat er noch nie gehört. So
weit gehen? Nach Braunschweig sind es noch neunzehn Kilometer. Mit dem Auto sei er in zwanzig, fünfundzwanzig Minuten da, aber zu Fuß? Er wünscht mir viel Glück.

Der Waldgang über den weichen Boden war kurz, viel zu
kurz, es geht zurück auf die Teerstraße. Die Fußsohlen sind
inzwischen so überfordert, dass mich bereits das leichte
Gefälle der Straße schmerzhaft aus dem Gleichgewicht bringt.

Vor Rethen, es ist ja Sonntag, die ersten Paare, die ihre
Kinder ausfahren, an den Kinderwagen riesige Hunde geleint.
Im Ort keine Wirtschaft, kein Laden, nichts, was auf mensch-
liches Leben deuten würde. Wahrscheinlich sind alle gerade
mit dem Auto nach Braunschweig zum Bummeln gefahren. In
einem Hof endlich eine Unmasse Viktualien, wenn auch frei-
laufend. Die Gänse haben noch ein paar Tage, ehe sie gerupft,
geschlachtet und dann gebraten werden.

Die Großstadt Braunschweig beginnt abrupt als Dorf
Wenden. Nach Nordosten geht es nach Wolfsburg, zu V W, mit
Braunschweig durch den Mittellandkanal verbunden. Braunschweig gehört damit zur mitteldeutschen Sonderwirtschafts-
zone, die ihre Existenz dem Wunsch des Führers verdankt, ein

für alle erschwingliches Volksauto zu bauen. Im Hotel, in dem sich sonst nur ein paar liegengebliebene Geschäftsreisende aufhalten, schlafe ich ein, kaum dass ich in der Badewanne liege.

Hamburg–Braunschweig, das waren hundertdreiundfünfzig Kilometer in fünf Tagen. Ein Schnitt von gut dreißig Kilometern pro Tag, aber dafür sind die Beine kriminell angeschwollen. Ich träume von Schnee, in den ich weich, ganz weich, einsinke, um den Fuß dann zeitlupenhaft verlangsamt wieder herauszuziehen und nach vorn zu setzen. Alles so weich, so weich. Doch selbst wenn überraschend Schnee fiele über Nacht, wäre er am Morgen schon weggeräumt.

6

Am Morgen liegt tatsächlich Schnee oder wenigstens eine Art Raureif, aber nur am nördlichen Stadtrand. Die Brücke über die endlich wiedergefundene B 4 ist vereist, dann verläuft der Weg fast kerzengerade ins Zentrum. Braunschweig kann im Krieg gar nicht so furchtbar zerstört worden sein, wie es hier aufgebaut ist: Massagesalons, Pizzerien, Parkplätze, Sportlerheime, Einkaufsmärkte, ganz viel V W, Vorbeifahrelend schlimmster Sorte. Die Innenstadt ist um den Dom versammelt und mit Weihnachten beschäftigt.

Im Dom St. Blasii lässt sich eine Gruppe gediegen graubärtiger Protestanten die noch recht katholischen Fresken vom Himmlischen Jerusalem und von der Auffindung des Wahren Kreuzes durch die spätere hl. Helena erläutern. Erbauen ließ die großmächtige Kirche jener Heinrich, der als Löwe draußen auf dem Platz steht, drinnen ein Grabmal hat und in der Krypta ruht. Den Dom stiftete der Löwe, nachdem er die im 13. Jahrhundert bei Welfen wie Staufern (Preußen gab es noch nicht) vorgeschriebene Wallfahrt nach Jerusalem unternommen hatte und mit vielen guten Gründen um sein Seelenheil fürchtete. Unter einem Stammbaum, der in der Herzog-August-Bibliothek in Wolfenbüttel gezeigt wird, erklärt ein anderer frommer Mann: «Der Leib ist gscharret in die Erd / In Braunschweig ruhet unbewert / Biß das in GOTT / wenn ist zeit / Erwecken wird / zu ewigr freud.» Es sei denn, man hat Pech und wird vor der Zeit propagandistisch exhumiert wie der Löwe, den man Hitler 1936 bei Nacht und Nebel vorführte, oder jedenfalls jenes verweste Skelett, das man für die Überreste des kriegerischen Herzogs und frommen Wallers hielt.

In Braunschweig ist aber nichts Schlimmeres als Weihnachtsmarkt (der fünfte), und im Café wird das normale Schülerleid rhapsodiert: «Tina ist übrigens wieder mit Mark zusammen.» – «Ernsthaft?» – «Tatsache, Marie hat sie im Kino knutschen sehen.» – «Aber sie wollte ihn doch nie wiedersehen!» – «Sag ich aber: Die sind wieder zusammen. Er hat ihr so einen kleinen vergoldeten Ring geschenkt. Freundschaftsring.» – «Ich weiß noch, wie er gesagt hat, dass er ihr die Beine bricht, wenn er sie noch mal trifft.» – «Das darf Tina aber nie erfahren, dass er das gesagt hat, verstehst du? Wie findest du meine Ohrringe?»

Braunschweig will einfach kein Ende nehmen. Nach Süden folgt das nächste Gewerbegebiet, Alu-Flitter sirrt an der Tankstelle im Wind, breitärschige SUVs stauen sich vor Aldi, schon wieder bin ich der Alien, der sich hier zu Fuß durchkämpft. Braunschweig währt insgesamt zehn lange Straßenkilometer,

und die Matratzenlager, Autolackiererereien, Sub- und Garten-
zentren hören nicht auf.

Den Blick also streng auf die Straße geheftet. Als Karl
Philipp Moritz in Braunschweig Hutmachergeselle bei einem
bigotten Lehrherrn war, wollte er sich in seinem Elend in der
vereisten Oker ertränken. Sie führt aber gar kein Eis, als sich
die Vorstadt völlig überraschend zum Land öffnet. Der Pflas-
terweg wird zur Promenade. Im Wasser ein Entenpaar, ganz
vertraut, nicht anders am Ufer die Paare, die sich voller Natur-
ergriffenheit ergehen. Die paar Sonnensplitter, die überhaupt
durch die tiefhängenden Wolken dringen, lassen wellen-
förmig die Unregelmäßigkeiten auf einem Schieferdach auf-
blitzen, wechselndes Blinkfeuer an dem mischgrauen Tag, der
sich nicht zwischen Regen und Sonne entscheiden mag. Ein
Radfahrer fährt mit äußerster Delikatesse auf dem Gepäck-
träger den Kasten Bier nach Hause, den er eben an der Tankstelle erworben hat.

Der Bibliothekar Paul Raabe nannte Wolfenbüttel wegen
der Bücher «Bibliosibirsk». Das ist ungerecht, denn in Wolfenbüttel gibt es auch eine Justizvollzugsschule und vor allem
die weltbekannte Firma Jägermeister. Sie ist so berühmt, dass
sie am Ortsrand eigene Verkehrsschilder mit dem bekannten Jägermeister-Schriftzug aufstellen darf. Den berühmten
Bibliothekar Gotthold Ephraim Lessing gibt es auch auf
einem Schild, aber Lessing war ein ewiger Hungerleider, der
als freier Schriftsteller froh sein musste um die Stelle in der
Herzog-August-Bibliothek. «Was macht die Kunst?», fragt der
Prinz in «Emilia Galotti» den Maler Conti. «Prinz, sie geht
nach Brot.» Die fürstliche Gunst war das eine, doch wenn
sich der Herr Bibliothekar, der immerhin schon in Berlin und
Hamburg gelebt hatte, auf wenigstens halbem Niveau unter-

halten wollte, musste er nach Braunschweig hinein. Wolfenbüttel nährte vielleicht den Mann, aber trotz seiner vielen Bücher nicht den Geist.

Casanova behauptete später in seinen Memoiren, in Wolfenbüttel einige der glücklichsten Tage seines Lebens verbracht zu haben, und vielleicht sind Bücher wirklich das Einzige, was selbst einem europaweit bekannten Gigolo an Glücksausbeute bleibt. Dem frommen Herimann war Autorenstolz nicht fremd, als er sich vorn in das Evangeliar hineinschrieb. *liber labor est Herimanni*, ein Werk des Hermann sei «dies von Gold glänzende Buch», besagt die Widmung, es sei dem Herzog Heinrich zugeeignet und seiner *ducissa* Mathilda, die der Mönch beide der Gottesmutter und Christus anempfiehlt. Das Evangeliar, ums Jahr 1188 entstanden, ist ein Höhepunkt der romanischen Buchmalkunst, ausgeführt in schönstem Gold und Blau und Grün, in wenigen, meist zu Spruchbändern verkürzten Worten die vier Evangelien enthaltend und vor allem in Miniaturen die gesamte Heilsgeschichte des Christentums.

Das Evangeliar war für den Marienaltar im Braunschweiger Dom St. Blasii bestimmt, ging in den später so genannten Welfenschatz über, tauchte dann mit neuem, aber wiederum kostbar verziertem Einband im Prager Veitsdom auf, wurde 1861 für zehntausend Goldtaler für den Welfenkönig Georg V. zurückgekauft, der es 1866 nach seiner erzwungenen Abdankung als Privateigentum mit ins Exil nach Österreich nahm. Dann verliert sich die Spur. In diesem Dunkel, das die bekannten Wechselfälle des 20. Jahrhunderts kaum erhellen, findet eine ungeheure Wertsteigerung statt. Das verlorengeglaubte Evangeliar taucht 1983 wieder auf und kommt im Londoner Auktionshaus Sotheby's zum Aufruf. Jetzt muss das gute

Stück, ehe es Amerika und das Getty-Museum wegkaufen, zum nationalen Kulturgut erklärt und zurückgeholt werden. Umgerechnet 32,5 Millionen Mark (nach heutigen, keineswegs inflationsbereinigten Begriffen: 16,4 Millionen Euro) wurden seinerzeit dafür bezahlt, eine Rekordsumme, die erst überboten wurde, als Bill Gates 1994 den «Codex Leicester» Leonardo da Vincis erwarb. Was hätte der ewig klamme Lessing, der zweimal alle seine Bücher verkaufen musste, für dieses gute Stück gegeben!

Das Evangeliar, das Herimann im 12. Jahrhundert um Gotteslohn fertigte, ist heute der wertvollste Band der Bibliothek. So kostbar ist dieser Besitz, dass er den Untertanen bloß alle Jubeljahre vorgezeigt werden kann. Nur wenige Besucher verirren sich vom Weihnachtsmarkt (der sechste!) in die Schatzkammer der Bibliotheca Augusta. Sie sind zur bedingungslosen Andacht verpflichtet, was bei diesem Prachtband aber niemandem schwerfällt. Immerhin stehen anders als bei der ersten Vorführung keine Polizisten mehr neben dem goldenen Buch, um es vor allzu großer Neugier zu bewahren. Das Licht ist gedämpft, das Buch ruht hinter Glas, aber da ist es wirklich. Die aufgeschlagene Seite des Evangeliars zeigt links einen Stammbaum, beginnend mit Abraham, Isaak und Jakob, der in einem familiären Jesus gipfelt, mit seiner Mutter Maria zur Seite und zur anderen gleichberechtigt den sonst in den Schatten gedrängten Josef. Rechts kommt es zur Geburt, der Ochs und Esel, die nicht ahnen, dass sie der Theologe Prof. Dr. Joseph Ratzinger achthundertfünfundzwanzig Jahre später aus der Weihnachtslegende säubern wird, als Zeugen mit großen Augen beiwohnen. Eben treffen die Könige aus dem Morgenland ein, die Geschenke mitgebracht haben; merkwürdigerweise ist keiner von ihnen schwarz. Anschließend finden sie sich bei einem König Herodes ein, der sie wie ein Kaiser empfängt und sein Interesse an dem neugeborenen Fürstenkind heuchelt; vom Golde glänzt doch alles.

Das Morgenland wäre irgendwo weiter im Osten zu suchen, aber dazu kommt es nicht mehr. Nach Wolfenbüttel hört das Gehen auf. Sie können keinen Schritt mehr tun, sagen die Füße. Wenig nützt es, sie als feige, defätistische Gesellen zu beschimpfen. Die Schmerzen, jetzt muss ich es zugeben, haben bereits am ersten Tag begonnen. In der Kniekehle fing es an, am rechten Fuß ging es weiter, dann auch am linken. Das ist normal beziehungsweise Geschäftsgrundlage. Der Fuß muss gehen, er möchte auch gehen, das ist eine anthropologische Konstante seit der Steinzeit, aber dann kam die Asphaltstraße zwischen Sohle und Boden. Fuß und Asphalt vertragen sich nicht. Kein halbwegs vernünftiger Mensch geht auf der Asphaltstraße. Ich habe ein hehres, wenn auch recht entferntes Ziel; es eilt nicht mit dem Fortkommen, die Schritt- oder Pilgergeschwindigkeit lässt sich über eine längere Strecke ohnehin kaum steigern, es kommt allein aufs Durchhalten an.

Aber was soll ich machen, wenn die Füße gar nicht durchhalten wollen? Inzwischen hilft es nicht mehr, Kraft und Gewicht zu verlagern. Der rechte Knöchel ist so dick angeschwollen, dass er morgens kaum mehr in den Schuh passt. Bisher ließ sich das einigermaßen mit einem einfachen Marschbefehl überspielen – da es weitergehen muss, muss es weitergehen. Doch nun strahlt der Schmerz auf das ganze rechte Bein aus, ich fühle mich wie ein einziger Klumpfuß. Wie sind die eigentlich damals aus Russland zurückgekommen?

Die Füße fordern eine Pause, sie bekommen eine Pause.

7

Hundertfünfundsiebzig Kilometer, ein Viertel erst geschafft, und schon am Ende meiner Reise? Auch wenn außerhalb der Familie niemand davon weiß, wäre es die schlimmste
Niederlage, jetzt aufgeben zu müssen. Hundertfünfundsiebzig Kilometer sind nichts und vor allem keine Wallfahrt. Aber
siehe da, die Knöchel schwellen tatsächlich ab, ich kann wieder auftreten, wieder Treppen heruntersteigen. Also weiter.

Auf das Wetter ist Verlass, es ist so reisemäßig, dass
ich in Sonnenaufgangsrichtung aus Wolfenbüttel ausziehe
und dabei den Ohrwurm von «Hänschen klein» nicht mehr
loswerde: «Stock und Hut / steht ihm gut, / ist ganz wohl-
gemut». Einen Moment lang hatte ich überlegt, ob ich mich
nicht bei der Frau anmelden sollte, die mir immer geschrieben hat, wenn ich etwas Unfreundliches über ihre FDP gesagt
habe. Aber das wäre jetzt Schadenfreude, lieber nicht.

Hinter Wolfenbüttel wendet sich der Weg in den Osten
unseres lieben Vaterlandes, also in die ehemalige DDR. Jetzt
sind nationale Gedenkworte fällig, tiefe deutsche Sätze zur
deutschen Frage im vereinten Europa. Sagen wir mal so:
Deutschland kann jeder, und am besten Botho Strauß. «Kein
Deutschland gekannt zeit meines Lebens», hat er lange vor
dem Mauerfall gedichtet. «Zwei fremde Staaten nur, die mir
verboten, / je im Namen eines Volkes der Deutsche zu sein. /
Soviel Geschichte, um so zu enden? // Man spüre einmal: das
Herz eines Kleist und / die Teilung des Lands. Man denke
doch: welch ein Reunieren / wenn einer, in uns, die Bühne
der Geschichte aufschlüg!» War Kleist herzkrank? Die Bühne
der Geschichte, was für ein schönes schiefes Bild! Und erst die
sensationellen Konjunktive!

Mit Beginn der deutschen Teilung wurde das Gebiet östlich von Braunschweig und Wolfsburg zum Zonenrandgebiet, finanziell überreich gefördert, ein politischer Brennpunkt, an dem es nicht krachen durfte. Im Durchgangslager Friedland kamen die Kriegsgefangenen an, die Adenauer 1955 aus der Sowjetunion heimgeholt hatte, und in Goslar und Northeim hielten sich die unheilbaren Nazis, die durch die Grenznähe in ihrem überlieferten Antikommunismus ständig bestärkt wurden. Hier gab es seit dem Mittelalter den großen mitteldeutschen Handelsweg nach Halberstadt, Magdeburg und Leipzig, der mit einem Mal unterbrochen war. Plötzlich hörte die Welt auf. Drüben stand der Feind, der die aus den Wahlreden bekannten Brüder und Schwestern mit eiserner Knute führte.

Der ehemalige Handelsweg heißt heute B 79 und nacheinander «Erlebnisstraße der deutschen Einheit», «Deutsche Fachwerkstraße», «Straße der Romanik», «Deutsche Alleenstraße», dann wieder «Straße der Romanik» und bleibt doch immer die B 79. Das Land wird womöglich noch flacher, im Süden bauscht sich der Harz. Kleinste Dörfer und in jedem Dorf ein Autohof (Neu- und Gebrauchtwagen), damit man bloß schnell wegkommt von hier. Wo aber ist die Grenze?

Von der Wende inklusive nachfolgendem Reunieren ist ein Imbiss geblieben und auch davon nur das Schild. Hinter Roklum beginnt Sachsen-Anhalt, also verlief hier einmal die Grenze, recht willkürlich gezogen zwischen der Ostzone und den Westzonen. Daran erinnern jetzt nur mehr die in Bundesfarben bemalten Zierpfosten. Im Schaukasten entfärbte, aufgewölbte Fotos: die Ministerpräsidenten Wulff (Niedersachsen) und Böhmer (Sachsen-Anhalt) besuchen krawattenlos die ehemalige Grenze. Noch älter: eine Trabbikolonne, im November 1989 auf dem Weg in den Westen.

Vor vierundzwanzig Jahren sind wir am Samstag nach der Maueröffnung nach Lübeck, Geschichte anschauen. Sie kamen durch den Grenzübergang Schlutup, dicht aneinandergedrängt in der Erinnerung, aber es war vermutlich einfach kalt. Sie besahen sich die Schaufenster, und wir bestaunten sie wie Aliens. Die Autos waren genauso seltsam. Sie hatten Farben, die es bei uns im Westen nicht gab. Nachts stand ein babyblauer Trabbi vor einem Fachwerkhaus, und er wirkte so echt wie von Magritte persönlich gefälscht.

Im Mariendom ging Walter Kempowski herum. Er war mit dem Zug gefahren, um sich anzuhören, wie und worüber die endlich Freigelassenen redeten. Aus seiner Manteltasche zog er ein kunstledernes Notizbuch und zeigte uns, dass er eigens eine Ecke abgeschnitten hatte. So konnte er das Buch auch im Dunkeln hervorholen und es, ohne hinzusehen, richtig herum aufschlagen und mitschreiben, was er hörte.

Heute steht von der bis Ende 1989 schwerbewachten Grenze nur noch ein einzelner Wachturm, ein solider Betonbau aus dem Jahr 1963. Statt Fenster hat er eher Schlitze, die gute Sicht auf passierendes Wild erlaubten und was sich sonst so bewegte im freien Feld. Der Turm ist eine immobiliare Rarität. Der Bewehrungsstahl hat unter Wind, Wetter und Geschichte etwas gelitten. Vierundsechzig Quadratmeter Nutzfläche, das Dach allerdings nur mit Pappe abgedeckt, die sanitären Anlagen sind anspruchslos; die Tür lässt sich für alle Fälle gegen außen abriegeln. Der Makler nennt den Turm zu Recht «ein Stück deutscher Geschichte», Preis Verhandlungssache. Das gute Stück steht selbstverständlich unter Denkmalschutz und wird derzeit für die Erlebnisstraßenbesucher restauriert, sicherheitshalber nach altem Standard, sonst wäre die DDR womöglich nicht wiederzuerkennen.

Das Erlebnis besteht bei dieser Straße darin, dass der bis zur Grenze parallel laufende und dankbar genutzte Radweg abrupt endet und der Wanderer wieder der kaum erprobten Rücksicht der Autofahrer überantwortet wird. Für sie sind Fußgänger schlimmer als Geisterfahrer. Wobei der gesunde Menschenverstand ausnahmsweise beim Autofahrer zu finden ist: Was bitte habe ich hier verloren? Das Abenteuer wird ernst, der Mississippi ist überschritten, der Wilde Osten beginnt.

«Sie sind also der Wanderer!», sagt der Wirt in Hessen, denn er hat mich auf der Suche nach der einzigen Pension vorbeilaufen sehen. Das süddeutsche «Grüß Gott!» wird nicht beantwortet oder nur mit grimmigem Schweigen. Altötting, das Ziel, nach dem ich gefragt werde, kennt er nicht, murmelt aber dann Sympathisierendes, in dem wieder Hape Kerkeling vorkommt. Der Wirt serviert eine kleine Zumutung als Essen, dann muss er sich aber wieder seinen eingesessenen Gästen widmen. Ein Bier gibt das andere, und in konzentrierter Sitzung wird am anderen Tisch Abschließendes zum Problem Sylvie van der Vaart geb. Meis gesprochen, kurz und tapfer antifaschistisch die Rolle Adolf Eichmanns im Dritten Reich sowie sein mysteriöses Untertauchen in Argentinien gestreift, ehe es metaphysisch wird und – das ist im Osten nicht anders als im Westen – die letzten Dinge an der Reihe sind. «Am besten übern Zaun, dann ist Schluss!», sagt einer, denn zur Grabpflege habe er keine Lust. Nachdem das klargestellt ist, erwacht wieder das Interesse an den Lebenden, und sie fragen nach dem Woher und Wohin. Hamburg irritiert sie weniger, aber – «wie heißt das?» – den Reisegrund, die FDP, finden sie jedenfalls ungewöhnlich. «Da müssen Sie aber eine Fahne am Rucksack tragen, damit jeder merkt, wogegen Sie demonstrieren!» Bloß welche? Eine von der FDP, und die durchgestrichen? Richtiges Wallfahrten mit einem schlichten, nicht übermäßig schweren Kreuz auf der Schulter wäre dann vielleicht doch einfacher.

Zur lokalen Legende gehört eine Gruppe von spanischen Fußballfans, die 2006 zur WM anreisten. In ihr Navi hatten sie, warum auch immer, «Hessen» eingegeben, wo sie auch ankamen, aber eben nicht in dem Bundesland, das sie offenbar für eine Stadt hielten, sondern in dem Dorf gleichen Namens. Ein Lokalreporter fotografierte, wie sie ihre Fahnen schwenkten, sie kamen in die Zeitung und drehten dann wieder um. Spanien schied bereits im Achtelfinale aus. Und sonst? Draußen gibt es eine Burg, die ebenfalls Hessen heißt, aber wie das Café um sechs schließt. Die «nördlichste Weinstube in Sachsen-Anhalt», bereits im 13. Jahrhundert erwähnt, wie man renommiert, hat lieber erst gar nicht aufgemacht. Das Dorf, was bleibt ihm übrig, ist um achtzehn Uhr mitteleuropäischer Zeit mausetot. Handy-Empfang gibt es nicht; sogar am Licht wird gespart. Der entvölkerte Osten zieht sich in seine abgedunkelten Häuser zurück.

8

In der Pension logiert sonst nur noch ein Arbeiter, den sie zur Montage hergeschickt haben. Er soll in dem riesigen Windpark nach dem Rechten sehen, über dem am Morgen blutrot die Sonne aufgeht. Der Windpark heißt Betriebsgelände und darf unbefugt nicht betreten werden. Kilometer um Kilometer geht es erst auf diese Wunderwerke zu, dann daran entlang und um sie herum. Das ist schöpferische Zerstörung einer kaum nennenswerten Landschaft, denn wo nichts ist, kann endlich doch was werden. Windräder bringen Kultur in die Magdeburger Börde. Ohne Zweifel nehmen sie auch Wind auf und verwandeln ihn in Energie, die halbe Dörfer oder ganze Anzeigetafeln an Bushaltestellen betreibt, aber vor allem bieten sie ein neuartiges Naturschauspiel, Installationen, für die sich der Staat als Mäzen zur Verfügung gestellt hat, *land art*, wie es sie bisher nicht gab.

Ganz hell wird es nie an diesem Tag, aber der Glast der immer wieder verschwindenden Sonne wandert silbrig über einzelne Erhebungen im Harz. Sogar der Brocken kommt raus, leicht zu erkennen an den Sende- und Abhörmasten; die wichtigste Bastion der DDR. Von Norden her drängt eine daunenweiche Dampfwolke heran, bleibt hängen zwischen Fallstein und Huy. Wären die grundsätzlich übertourig gefahrenen Autos neben und vor und hinter mir nicht, es könnten auch Hügel in der Toskana sein. Der Winter bleibt aus dies Jahr.

Nach Halberstadt ist es noch mal die gleiche Entfernung, wieder fünfundzwanzig Kilometer, die, an der unvermeidlichen Bundesstraße entlang, bald bewältigt sind. Die Stadt beginnt an einem bemerkenswert verwahrlosten Grab für «zwei Kosacken des Czernitscheffschen Corps», die offenbar bei dem Vorstoß fielen, den ihr Befehlshaber, besagter Alexander Iwanowitsch Tschernyschow, Ende Mai 1813 über die Elbe unternahm, um von den westfälischen, also französischen Truppen Geschütze und Fouragierwagen zu erbeuten. Geblieben ist davon eine Bushaltestelle und die Imbissbude

«Am Kosakengrab». Das Gewächshaus nebenan, eine ehemalige LPG, ist schon wieder pleite.

Am Dom zu Halberstadt waltete im 18. Jahrhundert als Sekretär Johann Wilhelm Ludwig Gleim und fand genug Muße, um in seiner Stube alle bedeutenden Dichter seiner Zeit zu versammeln und sie im Gemälde auch aufzuhängen. Lessing war da, Ramler, Moses Mendelssohn, Karl Philipp Moritz, Jean Paul. Der muss eines Tages unvermutet bei dem als generös bekannten Gleim aufgetaucht sein, gesträubten Haars, wie bei ihm üblich, aber auch kein Wunder, weil er nach seiner Weise in wenigen Tagen von Hof her über Stock und Stein gelaufen war, um sich vom Domsekretär als die neue deutsche Literatur begrüßen und anschließend mit ein paar dringend benötigten Talern beschenken zu lassen. Schon deshalb ist das Gleim-Haus heute das kulturelle Zentrum Halberstadts, aber das hilft dieser Stadt auch nicht mehr viel.

Im Gleim-Haus gibt es gerade eine Ausstellung über Alexander Kluge. Kluge ist in Halberstadt geboren, wo sein Vater Theaterarzt und Geburtshelfer war. Mit dreizehn erlebte er den Luftangriff, der Halberstadt noch in den letzten Tagen des Zweiten Weltkriegs kaputtschlug. Halberstadt ist eine Ruinenstadt seither. Die DDR hatte keine Lust und kein Geld, die Stadt wieder aufzubauen. Heute laufen die Leute erst recht davon. Eine Professorin der Hochschule für Verwaltungswissenschaften hat eine Handvoll Studenten in die Ausstellung gebracht, weil Kluge doch von der Ausbildung her Anwalt ist und das hier der juristische Nachwuchs für Sachsen-Anhalt werden soll. Leider weiß sie gar nichts über Kluge, hat keins seiner Bücher gelesen, keinen Film gesehen, nichts gehört von seinem Nachtprogramm bei RTL. Aber neben Gleim scheint Alexander Kluge das einzige Kapital zu sein. Im «Café Stephanus», das so katholisch und eher nach München klingt, also für die ruinösen Verhältnisse Halberstadts fast zu gut, unterhalten sich zwei Männer über ihn, das heißt, sie werfen das Los über seinen Nachlass, den sie zu erhalten und auszustellen hoffen.

Hier mag also ein ziemlich großer Hund begraben sein, und doch verfügt dieses Halberstadt über ein Wunderding, das es auszeichnet unter allen Städten in Ost und West. In der romanischen St.-Burchardi-Kirche wird seit dreizehn Jahren das langsamste Musikstück der Welt aufgeführt; es stammt von John Cage und heißt auch so, also «ORGAN²/ASLSP» (für «as slow as possible»). Was, wie jeder weiß, eine Anspielung ist auf eine Stelle in «Finnegans Wake» des großen James Joyce, der johncagiger war, als es selbst Arno Schmidt je zu sein wagte. «Soft morning, city! Lsp!» wird bei Joyce gelsplt. «I am leafy speafing. Lpf! Folty and folty all the nights have falled on to long my hair. Not a sound, falling.» Joyce, und wer würde ihm da nicht folgen, kann gar nicht genug kriegen von seiner Anna Livia Plurabelle: «Lispn! No wind no word.» Kein Wind, kein Wort. Kein Laut von der Orgel oder nur einer, aber er muss auch lange vorhalten. Cage hat das Stück 1985 geschrieben, er starb 1992, doch in Halberstadt lebt er. In Halberstadt wird ihm und seinem Werk die größte denkbare Ehre zuteil: Es wird auf einer eigens gebauten Orgel zu einer fast immerwährenden Aufführung gebracht. Das Stück hub an am 5. September 2001, und zwar mit einer anderthalbjährigen Pause, die die Orgel brauchte, um ihre Blasebälge die nötige Luft für das Jahrhundertwerk aus dem kahlen Kirchraum holen zu lassen. Dann gab es erste Pfeiftöne in naturgemäß quälender Langsamkeit zu hören. Erst vor ein paar Wochen, im Oktober 2013, fand ein Klangwechsel statt: c' und des" verschmolzen mit dis', ais', e". Der nächste Klangwechsel ist für 2020 vorgesehen. Die Partitur umfasst genau acht Seiten, und wer bei klarem Kunstverstand ist, wird sich freuen, dass Cage das gute Stück in einem Akt höherer Scharlatanerie vom Computer erzeugen ließ. Es summt und brummt in den rohen Mauern, wie sich das die einst für die Musik zuständigen Mönche niemals hätten träumen lassen, ein wahrhafter Dienst am abwesenden Gott. Wobei nicht auszuschließen ist, dass der stets unberechenbare Cage in seinem computergenerierten gigantischen Witz mit dem Schein-Akronym ASLSP wie «asleep» an die große Tradition des Kirchenschlafs erinnern wollte. (Näheres bei J. Swift, «A Sermon Upon Sleeping in Church», Dublin 1776.) So hat sich ein zweifellos zenbuddhistisch grundiertes, aber schamlos kobolzendes Kunstwerk in diese weltverlassene Gottesecke gerettet und wäre doch für jeden, der Ohren hat zu hören, jederzeit zu haben.

Man erzählt sich, dass gelegentlich Busse vorfahren und Gruppen von Cage- und Orgel-Enthusiasten entlassen, die dem Summen und Brummen in der Kirche lauschen. Manche gerieten in solchen Eifer dabei, dass sie zu singen anfingen. Nur das langsam dahinsiechende Halberstadt kann sich ein solches zweckfreies Unterfangen leisten, aber wer mag, darf sich an der einmaligen Schöpfung beteiligen; für tausend Euro Spende wird eine Platte mit dem Namen graviert und an der Wand angebracht. Damit kauft man eins der sechshundertneununddreißig Jahre Aufführungsdauer und hält sich in bleibender Erinnerung als Mäzen und Cage-Kenner. Nach jetziger Berechnung geht «ORGAN^2/ASLSP» am 5. September 2640 zu Ende. Wenn irgend möglich, werde ich dann in Halberstadt sein.

9

Beim Verlassen der Stadt an einer längst geschlossenen Kneipe vorbei. Auf eine Schiefertafel, auf der sonst das Tagesgericht zu stehen kommt, hat jemand mit Kreide und sehr viel Hoffnung geschrieben: «Keine grauen Tage mehr». Vom alten ins neue Zentrum, die Platte, die sich die Bezirksregierung einst als sozialistische Moderne ausgedacht hat und die deshalb jetzt Block für Block abgerissen wird. Die Straßenbahn, die vorbeizieht, fährt zum Friedhof, den es in dieser sterbenden Stadt doch braucht. Über mir der Himmel wieder homerisch morgenrot, darunter das steinerne Ostblockgrau. Auf dem Pflaster das vertraute Aufschlagen der Stöcke, meiner, und am Stadtrand, ebenfalls vertraut, das Ende des Seitenstreifens, Beginn des Landstraßenkampfes mit dem morgendlichen Berufs- und Lieferverkehr.

Es ist wieder die B 79. Gewerbebatterien an der Ausfallstraße, wie immer. Die Straße knickt nach zwei Kilometern im rechten Winkel nach Süden ab, was den Lärm der Lastwagen, der gegen die Häuser prallt, nur noch verstärkt. Die Fenster sind verbrettert, die Fassaden dunkel vom aufgewirbelten Dreck. Hier kann niemand mehr wohnen, wenn jeden Tag fünfzehntausend Fahrzeuge durchdonnern. Es ist aber ein Ort, er hat einen Namen, er heißt Harsleben, und er ist, naheliegend zwar, aber es ist das einzig angemessene Wort, längst totgefahren. Kein Laden, keine Wirtschaft, kein Nichts.

Aber wer würde im Ernst freiwillig in der wie abgeschabten Ebene nordöstlich des Harzes leben wollen, in der Magdeburger Börde? Amerikanisch weit erstreckt sich das Land plötzlich, und wie in Nordamerika panzern sich die Leute gegen die Weite. Sie ertragen sie nur, wenn sie im Auto durchfahren können. Ein halbnomadisches Volk ist es, erst recht seit sie tatsächlich reisen dürfen. Autobahnen durchkreuzen das Land, in dem sich sonst nur die Windräder drehen. Als wären den Bauern ihre eigenen Felder verhasst, fahren sie mit riesigen Traktoren riesige Behälter darüber und tränken alles mit atemraubender Gülle. Die Öde will einen verschlingen und kennt keine Grenzen. Die Neigung zu Selbstgesprächen nimmt zu.

Endlos erstreckt sich diese mitteldeutsche Prärie, in die Halberstadt hineingesprenkelt ist und weiter östlich Aschersleben, beides einst blühende Städte, aber jetzt wie aufgegeben. Irgendwann werden nur mehr die dauerbeschallten Häuser stehen, von ihren ertaubten Bewohnern längst verlassen.

Ich frage den einzigen sichtbaren Eingeborenen nach einem Ausweg, aber er kennt sich auch nicht aus. Er weiß nichts von dem EU-geförderten Feldweg, der sich überraschend auftut und wenigstens von der Straßenkatastrophe wegführt. Es scheint aber überhaupt niemand davon zu wissen, fast fünf Kilometer lang sehe ich keine Menschenseele. Gelegentlich fährt eine Bö über den Acker, aber die Felder ruhen über den Winter, die Zuckerrüben sind eingemietet, die kleinen Erhebungen an der Seite heißen Würzberg, Heidberg und – warum auch immer – Heiliges Zeug.

In Ditfurt sind die Straßen noch gepflastert wie für einen Mittelalterfilm, das Fachwerk lebt, doch auch in diesem kalenderschönen Ort treibt sich niemand ohne Not auf der Straße herum. In der Sparkasse erkundigt sich ein Mann nach diesen neuen Sepa-Formularen und will wissen, ob das schon wieder eine Währungsreform sei, die vierte seit 1948. Die Filialleiterin kann ihn beruhigen, sie versucht, dem Kunden die Neuerung zu erklären, aber am meisten tröstet ihn die Auskunft, dass es noch ein halbes Jahr hin ist.

Die endlose Weite macht melancholisch. An der Grenze zum Salzlandkreis lässt ein Straßenbauarbeiter den Motor seines Transporters laufen und sitzt rauchend hinterm Steuer. Als ich auf der Brücke die Autobahn überquere, hupen sie von unten, weil der Fußgänger da oben für sie so ungewöhnlich ist. Der EU-geförderte Feldweg endet in Hoym, und auf der sogenannten Ausweichstrecke nach Aschersleben gibt es selbstverständlich keinen Fahrrad- oder Fußgängerweg. Bei hereinbrechender Dunkelheit geht es zehn Kilometer an der Straße entlang. Es ist die allzu vertraute Situation: allein gegen den Verkehr, gegen die Autos, gegen Fahrer, die nicht begreifen können, wie sich jemand nachts, also um fünf Uhr nachmittags, an der Landstraße entlang mühen kann. Armer Irrer!, werden sie denken, sie hupen, als müssten sie einen zur Umkehr zwingen, und fahren dann übertourig vorbei. Wahrscheinlich habe ich mir noch nie so sehr gewünscht, die sicher unglaublich hässlichen Baumärkte und Tankstellen am Stadtrand zu erreichen, die fern wie eine Fata Morgana so großzügig ihr warmes gelbes Flutlicht in die Nacht hinaus spenden.

Gerettet endlich, gerettet wie die elf Spanier, die im Restaurant um einen Tisch sitzen und sich von einer Spanierin mit Deutschkenntnissen die Speisekarte übersetzen lassen. Jedem einzelnen bestellt sie dessen Wunschgericht, bespricht mit der Bedienung Beilagenänderungen und Gewürze, und die *hombres* folgen lammfromm ihren Ausführungen zum Essen und zu dem Besichtigungs- und Schulungsprogramm, das sie morgen erwartet. Offenbar findet hier bereits ein innereuropäischer Austausch statt: Arbeitslose Fachkräfte aus Spanien siedeln sich in der Mitte Deutschlands an, die von den Deutschen eben geräumt wird. Zuletzt gab es diese Art Völkerwanderung im Dreißigjährigen Krieg, als der böhmische Graf Wallenstein 1626 sein Winterquartier in Aschersleben nahm, um die Schlacht gegen den Dänenkönig Christian vorzubereiten, und als der brabantische Feldherr Johann t'Serclaes von Tilly, Heerführer der kaiserlich-katholischen Liga, mit Gustav Adolf von Schweden rang, dem Beschützer der deutschen Protestanten. Sie starben alle im Krieg, und mit ihnen etliche tausend Kroaten, Bayern, Franzosen, Hessen, Spanier, Italiener, Russen, Polen, Schweden; der Dänenkönig immerhin zu Hause. Es gab damals keine Haager Landkriegsordnung, kein Völkerrecht, deshalb wurde 1631 Magdeburg zum kleinen Kollateralschaden im großen Krieg, also einfach angezündet und niedergebrannt.

«Die FDP ist weiter im Spiel», hat Christian Lindner gleich nach der Wahl verkündet, es interessiert sich bloß keiner für die sogenannten Liberalen. Im Hotelfernseher, den ich jetzt doch wieder anmache, taucht die FDP kaum mehr auf. In den wenigen Talkshows, in die sie noch eingeladen wird, schmollt sie, weil es merkwürdigerweise auch ohne sie geht. Mühselig kommt in Berlin eine Große Koalition zustande. Auf dieser Strecke ist das aber höchstens von antiquarischem Interesse, weil ich hier mitten in Deutschland der Welt völlig verlorengehe. Offenbar kann man gar nicht mehr aus der Welt sein, als wenn man so wie ich jetzt quer durch sie hindurchmarschiert. Was eine zufällig herumfliegende Lokalzeitung nicht hergibt, existiert nicht. Vermutlich flammen draußen in dieser Welt gerade die üblichen Bürgerkriege auf, es gibt mehr oder weniger tragische Unfälle, Explosionen, Schiffsuntergänge, überall kommt es zu Eisbären- und Singvögel-Dezimierungen, all die bewährten Tagesschau-Katastrophen, aber sie werden so vollkommen uninteressant, wenn es darum geht, bis zum Abend dreißig oder auch mehr Kilometer zu schaffen und dann noch ein Bett zu finden. Dennoch ist die schöne Illusion, dass man sich aus allem entfernen könnte, was einen sonst gefangen hält: Arbeit, Lebensunterhalt, Bausparvertrag, die liebe Familie, genau das, eine Illusion. Vermutlich haben meine Vorläufer ganz andere Erfahrungen gemacht, sonst würden sie nicht so schrecklich erleuchtet in ihre Alltagswelt zurückkehren oder jedenfalls behaupten, es zu sein: neu, anders, irgendwie östlich. Das Gehen an der Landstraße beansprucht einen zwar, purifiziert einen aber leider nicht; die etwas aus der Mode gekommene Reinigung von Körper und Geist mit Klistierspritze und Aderlass war vermutlich wirkungsvoller, wenn auch gelegentlich mit tödlichen Folgen für den solcherart Gereinigten verbunden.

Dafür ist es umso tröstlicher, dass in Mitteleuropa niemand verkommt. Vermutlich würden auch die besengten Raser in ihren längst nicht abbezahlten Autos anhalten, wenn man tatsächlich an der Landstraße kollabierte, die sie als ihre exklusive Rennstrecke betrachten. Nach der bisherigen Erfahrung (unter uns Seelenwanderern müsste es natürlich «Er-Gehung» heißen) sind die Einheimischen im Rahmen ihres bereitwillig vorgetragenen Komplettunverständnisses gern bereit, einem weiterzuhelfen. Aber das Gehen erfordert ohnehin die gesamte Aufmerksamkeit. Der Kopf ist nicht frei, überhaupt keine Zeit für grundentspannte *Rêveries* über Gott, die Welt und das Schicksal des Menschengeschlechts im Angesicht von Klimakatastrophe und sinkender Geburtenrate. Die Konzentration verhindert wenigstens, dass die Schmerzen überhandnehmen, dass man voreilig wehleidig wird.

Irgendwo im Osten käme jetzt Magdeburg, aber inzwischen ist der östliche Harzrand erreicht, der Weg nach Altötting zweigt ab nach Süden. Der spätere, der Nobelpreis-Hemingway notierte am Abend, ehe er sich dem Belohnungssuff ergab, jeweils die Zahl der Wörter, die er an diesem Tag geschrieben hatte: 985, 955, 723, 819. Nur so konnte er sich beweisen, dass er tatsächlich etwas Handfestes geleistet hatte. Meine Wörter sind die abgelaufenen Kilometer; 259 sind es bis Aschersleben geworden. Für neun Arbeitstage ist das nicht schlecht, wenn das Ziel auch noch unendlich weit entfernt ist.

10

Dann natürlich wieder eine Bundesstraße, die B 180, die nur durch einen längeren Umweg zu vermeiden wäre. Aus dem Morgengrau taucht ein Auto auf, schwenkt einen Arm mit zwei Bürsten, fasst damit den schwarz-weißen Begrenzungspfosten, schrubbt ihn unter Zufuhr von heißem Wasser, um die Reflektoren vom Straßendreck zu reinigen, hebt den Greifarm dann und schaukelt zum nächsten Pfosten. Hinterdrein ein Mann in einem mir peinlich verwandten Warnrot, der sich vergewissert, dass der Pflock wieder richtig sitzt. Ein Gruß unter Halbbrüdern.

Die Tage werden bald so einförmig wie das Land. Größere Sensationen sollten auch besser ausbleiben. Beim ersten Auftreten am Morgen: Wie schlimm knackst der rechte Fuß? Nach einem bescheidenen Schmelzkäse- und Aufbacksemmelfrühstück wird der Rucksack neu gepackt, die nächste

Karte hervorgeholt, die Schuhe werden um einen Zentimeter umgeschnürt, das Ladegerät fürs Handy nicht vergessen. Wie jeden Morgen im Radio die Angestellten-Hymne «I want to break free» von Queen, und dann fahren sie doch wieder brav die Landstraße lang zur Arbeit, hupen vielleicht oder rufen, wenn sie zu mehreren in einem Auto sitzen, irgendwas Flachsinniges herüber.

Das Navi ist diesmal großzügig und erlaubt eine Parallele zur B 180, dank Straßenschäden wenig befahren. In Harkerode am Fuße der Burg Arnstein kurze Pause in einem Busunterstand, vollgemüllt mit Eis- und Süßigkeitenverpackungen, zugekritzelt mit Koseworten wie «Hey du notgeile Ziege». Unter dem Papierkorb schimmelt dunkles Schulbrot mit Salami. Die Wand über der Bank ist vollgetackert. Die Plakate, die damit festgehalten werden sollten: längst abgerissen. Bunte Papierfetzen sind geblieben und bewegen sich leicht im Wind. Der Busfahrer winkt und wundert sich, weil ich nicht einsteige.

In den Dörfern Wochenendhäuser der Harzbesucher, Reste von Bergbau, meist symbolisiert durch eine mit Abraum gefüllte Lore auf kurzem Gleis. Im Mansfelder Gebiet wurde im 15. Jahrhundert Kupfer und Silber abgebaut.

Luthers Vater kam 1484 aus Thüringen hierher, um eine Grube zu pachten. Sein Sohn kokettierte als Prediger manchmal mit der bäuerlichen Herkunft von Hans Luder, aber der Hans Luder war kein Bauer, sondern ein reicher Unternehmer. Schon von Haus aus war er nicht unvermögend, seine Frau brachte weiteres Kapital in die Ehe, als man hierherzog, um vom wirtschaftlichen Aufschwung der Region zu profitieren. Luder baute nicht nur selber ab, er verhüttete, was er fand, wurde reich damit, reich genug, um den Sohn studieren zu lassen. Auf eine solide juristische Ausbildung hoffte er, einen Kanzlisten sah er in ihm, einen Nachfolger auch, der ihm bei den allfälligen Rechtshändeln würde beistehen können, vielleicht aufsteigen könnte zum Wesir des Grafen von Mansfeld, jedenfalls in einen Beruf, in dem er sich die Hände nicht würde schmutzig machen müssen, in dem das Geld leichter verdient wäre als bei ihm, bibeltreu im Schweiße des Angesichts und voller Staub von der Bergwerkerei.

Mansfeld, wo Luther aufwuchs, zur Schule ging und als Ministrant in die Arme der Kirche fand, darf sich wegen dieser Vorgeschichte neuerdings Lutherstadt nennen, aber das wird auch nichts mehr helfen. Der Ort liegt in einer Senke, was vermutlich den infernalischen Durchgangsverkehr begünstigt. Beim Hinabgehen meldet sich die Sehne über dem linken Rist und will nicht mehr auf diese unziemliche Weise beansprucht werden. Wie wenn jetzt die Sehne tatsächlich risse (ah, ein fast bothostraußischer Konjunktiv)! Sie muss unter allen Umständen geschont werden. Vorsichtig, ganz vorsichtig hinab, an den grasenden Alpakas am Ortseingang vorbei, an den Schulkindern. Beim Anblick des vor sich hin tapernden Fremden beginnen sie sich anzustoßen und durcheinanderzuschwätzen, dabei können sie sich in dem Lärm doch kaum verstehen. Wo aber sollen sie sonst hin in diesem rettungslos verlorenen Ort?

Vor Luthers Elternhaus Kartenstudien, dabei esse ich einen Apfel und gegen die Verzweiflung eine halbe Tafel Schokolade. Aber es gibt ja offensichtlich Menschen, die es hier tatsächlich aushalten.

Nebenan in Klostermansfeld mehr als haushohe Erhebungen neben der Straße, Abraumhalden von längst ausgebeuteten Stollen, die einmal Theodor oder Ernst hießen und dafür

sorgten, dass sich hier über Jahrhunderte eine blühende Ver-
hüttungsindustrie halten konnte.

Auf dem weiteren Marsch erscheinen die Zeichen nicht
nur für einen Lutherweg, sondern auch für den Jakobsweg, der
offenbar überall in Mitteleuropa Zubringer und Nebenwege
hat. Eisleben ist nicht mehr weit. Es liegt jenseits der Schrebergärten, aber mit unheimlicher Konsequenz verlaufe ich
mich in die Dunkelheit hinein, verliere inmitten der Halden
völlig die Orientierung und verlängere meinen Weg ohne Not
um gut fünf Kilometer. Die Karte ist nicht genau genug, das
Navi kennt grundsätzlich keine Fußwege, es geht also nach
Gefühl und folglich schief und furchtbar daneben. Trotz
meiner Erschöpfung gelingt es mir, im Hotel ein Zimmer mit
Badewanne zu erbetteln.

11

Luther steht in der ganzen Stadt herum, allein sein
Denkmal auf dem Hauptplatz ist kaum zu sehen bei all dem
vorweihnachtlichen Flitter, der ernsthaft mit dem Jahrmarkt
in Lüneburg konkurriert. Nur zufällig kam Luther hier zur
Welt, auf der Durchreise seiner Eltern, und ebenso zufällig
verschied er hier, diesmal auf diplomatischer Mission, sollte
er doch einen Streit im Mansfeldischen Herzoghause schlichten, in dem sich seine Anhänger und Gegner bereits erbittert
bekriegten. Von seinem Eislebener Erdenwallen und auch
Sterben ist so gut wie nichts überliefert, was die Eislebener
aber nicht gehindert hat, eine Lutherstube inklusive ver-
hängtem Sterbebett im besten Prunkstil des 19. Jahrhunderts

einzurichten und nach Art der Katholiken allerlei Reliquien anzuhäufen, die vielleicht wundertätig waren, aber trotzdem nie Berührung mit dem allzu früh heimgegangenen Reformator hatten. Für den avancierten Geschmack gibt es allerlei Touchscreens, damit die hier fällige Frage nach dem Sinn des Lebens und vor allem dem des Sterbens sich möglichst kurz und multimedial beantworten lässt.

Wie harmlos und ohne Bemühen um Rekonstruktion dagegen der Friedhof für sowjetische Soldaten und Kriegsgefangene, der beim Ausgang aus Eisleben auf einer Verkehrsinsel und zum natürlich immerwährenden Gedenken an die russischen Freunde angelegt ist. Jeder einzelne Grabstein ist oben mit einem roten Stern versehen, der selbst im heutigen Russland aus der Mode kommt. Aufgang aus der Grube Eisleben auf eine Art Altiplano, wo es angemessen windig, aber nicht kalt ist; für die Jahreszeit weiter zu warm. Die Straße ist gesperrt, auch für Fußgänger. Ich frage einen Mann, der mit seinem Pick-up in die Schrebergärten fährt und grüne Plastikjalousien geladen hat. Der Boden sei plötzlich weggesackt, die Straße folglich unpassierbar. Für eine Bergbaugegend eigentlich kein Wunder. Die bewusste Stelle wird vooooorsichtig umgangen, aber da ist nichts zu sehen. Vermutlich ist das ganze Land hier durch eifriges Schürfen seit dem frühen Mittelalter unterhöhlt und könnte, mit dem landwirtschaftüblichen schweren Gerät befahren, jederzeit einsacken. Eine Höhlenwelt also befindet sich unter Sachsen-Anhalt, ein geheimes Deutschland, von dem sich der Salineninspektor Novalis nicht träumen ließ.

Der Weg führt zurück an die Bundesstraße 180, eher eine bessere Autobahn, aber diesmal mit begleitendem Feldweg, der unversehens auf einem Sportplatz endet. Jenseits der

Auto-Furt geht es durch einen kleinen Wald, und ich lande auf dem Jakobsweg oder jedenfalls *einem* Jakobsweg. Gegen den erbitterten Widerstand des Navis nach einer Alternative zur Bundesstraße gesucht, dabei wird es bereits dunkel. Weiter vorn, hinter dem Hügel, muss Querfurt liegen, das hochgebaute. Beim Anmarsch erscheint eine Reihe von Windrädern, zwanzig vielleicht, ein- und rotäugig, donquijoteske Riesen, die in der Dämmerung blinken, nein, die sich über Lichtzeichen zu verständigen scheinen, ein Code womöglich für Inner- und Außerirdische, für jetzt schon weihnachtsmüde Dörfler und glühweintrunkene Heimfahrer, eine Botschaft ganz gewiss.

Wenn ich morsen könnte, würde ich sie vielleicht entziffern können, jedenfalls erinnert sie an die pentatonische Lichtmusik in dem Film «Unheimliche Begegnung der dritten Art», die Steven Spielberg von dem in einem zauberhaften Englisch dilettierenden François Truffaut übersetzen ließ, als Botschaft der Außerirdischen an uns wundergläubige Amerikaner. Und dann ist es bei diesem Lichtspiel auch wurschtegal, ob diese blinkenden Windmühlen überhaupt mehr Energie erzeugen, als für die Glühlichter-Sprache gebraucht wird.

Vor lauter Staunen verlaufen und in ägyptischer Finsternis zurück an die B 180. Auch jetzt wieder Heimreise- oder Berufs- und überhaupt zu viel Verkehr. In der Ferne der Rundbau der Burg, angestrahlt wie ein Leuchtturm in finstrer Nacht, aber er kommt und kommt nicht näher. Eine Tankstelle ist in Sichtweite, und jedes Auto, das dort hineinfährt statt auf mich zu, wird eigens bedankt. Die Mischung aus Kälte, Dunkelheit und der Angst, am Ende doch niedergefahren zu werden, hält mich einigermaßen aufrecht und schiebt mich allmählich auf Burg und Stadt zu.

Umso absurder das Treiben oben auf der Burg. Es heißt Burgweihnacht und zieht Besucher aus nah und fern, sorgt also auch für den Verkehr unten, der mir so zugesetzt hat. Sonst wird die Anlage als Filmkulisse für irgendwelche Mittelalter-Schmonzetten wie den «Medicus» genutzt, aber diesmal feiern sich die Querfurter selbst, tragen wildlederne Wämser über Hemd und Jeans, präsentieren Lederarmbänder, setzen, damit sie besonders verwegen ausschauen, Till-Eulenspiegel-Käppis aus Plastikleder auf und trinken aus urzeitlich geformten Gefäßen hundertprozentig mittelalterlichen Met zu den Grillwürstchen, die im letzten Moment aus der Supermarktverschweißung befreit werden. Es gibt Bienenhonig und Biowein zu kaufen, und für die Kleinen fertigt der lederbeschürzte Schmied Amulette aus rot glühendem Eisen und droht mit einem Brandzeichen auf die nackte Haut.

Wer nichts sucht, findet manchmal doch was. Die unziemlich langen Stöcke, der Rucksack, das erschöpfte Gesicht unter der winterfesten Haube weisen mich als Fremden und für den Kenner als Fernwanderer aus oder doch als einen, der ein Nachtlager braucht. Eine Frau erkennt meine Notlage und ist sofort bereit, mir zu helfen. Groß ist sie und dunkel und schaut einen direkt an. Fürs Mittelalter-Spectaculum erscheint sie verkleidet wie die anderen, vermutlich weil es sonst wenig zu erleben gibt in Querfurt, wenn nicht gerade ein Film gedreht wird und Ben Kingsley hier ist, was man aber immer erst hinterher in der Zeitung liest. Ben Kingsley, der Gandhi, in Querfurt! Ich nippe an dem Met, von dem ich mir nie vorstellen konnte, dass es ihn außerhalb des Kreuzworträtsels gibt.

Die Frau trinkt nicht viel, sondern meint es ernst. Sie führt mich weg von der Burg und hinein in die Stadt Querfurt, zeigt, wie sie restauriert wurde und wie schön alles geworden ist. Ich bin doch ihr Wanderbruder, denn im vorigen Jahr, so erzählt sie gleich, sei sie mit einer Freundin auf dem Jakobsweg gegangen, jedenfalls hundert Kilometer lang, die letzten hundert von La Coruña nach Santiago. In sengender Hitze, ohne ein Wort Spanisch, seien sie hilflos gestrandet, bis Einheimische sie auf den richtigen Weg zurückgeführt hätten. Aus Erfahrung, aus Freundlichkeit, aus Nächstenliebe will sie helfen und weil sie mich winterklamm für gestrandet hält und nicht einmal in der Nähe eines halbwegs namhaften Ziels.

Das ist, endlich, der Kontakt mit den *natives*, die Gelegenheit, mit wenigstens einer Eingeborenen näher bekannt zu werden, wie es doch Vorschrift ist für den Ethnologen, der fremde Länder, fremde Sitten erkunden will. Ob ich denn schon gegessen hätte, fragt sie und gluckst ein wenig dabei. Habe ich nicht, bin ich doch eben erst glücklich aus dem Dunkel der Landstraße ins Licht der Stadt gelangt. Und ob ich schon ein Zimmer zur Nacht hätte. Auch daran fehlt es noch, allerdings weiß ich von einem Gasthof an der Hauptstraße. Sie lobt mich für mein Unternehmen, sie beneidet mich um mein Winterabenteuer, das jedem zugänglich wäre, für das aber nie Zeit ist. Sie würde gern meinen Weg gehen, mich wenigstens ein Stück weit begleiten. Wieder dieses Glucksen. Dann verabschiedet sie sich rasch, weil sie heimmuss, wie ihr ganz plötzlich einfällt.

12

Durch den schrecklichen Umwegsirrsinn um den Harz
herum und die wallfahrende Generalausrichtung nach Süden
entgeht mir das Bauernkriegspanorama von Werner Tübke
in Bad Frankenhausen, also am Kyffhäuser, allerdings auch
Friedrich Barbarossa, der dadrin hockt und nicht mehr weg-
kann, weil ihm der schöne rote Bart durch den Tisch gewachsen ist. Tübke feierte auftragsgemäß Thomas Müntzer, der in
der DDR, weil er es mit den aufständischen Bauern gehalten
hatte, als Revolutionär galt, bis in den Siebzigern, als das Rund-
gemälde nach fast zehnjähriger Arbeit vollendet war, neben
Nietzsche und Bismarck auch der obrigkeitsfrömmere Luther
zum nationalen oder jedenfalls DDR-Erbe erklärt wurde. Das
ist die Art Schwund, mit der du als Künstler einfach rechnen
musst. Pech für Müntzer mitsamt den Bauernkriegen, die
vor lauter Lutherei langsam ins Dunkel der Reformations-
geschichte sinken, aber das Panorama hätte ich gern gesehen.

Auch die Himmelsscheibe wird planmäßig verpasst. Bei
Nebra, am Abhang zur Unstrut, fand sich vor ein paar Jahren
eine Scheibe aus der Bronzezeit, die zum ersten Mal Sonne,
Mond und Sterne zeigt. Genau genommen waren es zwei
Grabräuber, die den mehrere tausend Jahre alten Kultgegen-
stand ausgruben und über Hehler auf dem grauen Markt los-
schlagen wollten. Das bettelarme Sachsen-Anhalt konnte das
liturgische Gerät für sich reklamieren und zum Weltkultur-
erbe erklären lassen. Jetzt haben sie einen leicht schrägen
Aussichtsturm gebaut, von dem aus man aber trotzdem nicht
richtig ins All hinausschauen kann. Die Himmelsscheibe ist
leider nicht da; sie liegt ähnlich schwer bewacht wie das Evangeliar im Museum in Halle.

Am Weg liegt dafür der im trüben Morgen namenlos verwaiste Ort Steigra, den aber immerhin eine Trojaburg auszeichnet unter den anderen Dörfern, wobei es sich, wie die Tafel besagt, um eines der wenigen erhaltenen Rasenlabyrinthe handelt. Dieses besondere Labyrinth wäre wegen des niedrigen Bewuchses ohne weiteres zu bewältigen, niemand würde sich darin verirren und sollte es auch nicht, sondern die Möglichkeit erhalten, in mehreren Umgängen, vorzugsweise auf den Knien, die Reise nach Jerusalem, die allererste und immer noch Mutter aller Pilgerfahrten, zumindest symbolisch nachzuwallen. Verbunden ist dieses christliche und unzweifelhaft vorreformatorische Ritual mit einem älteren, eher germanischen, wonach ein Ritter die Jungfrau Sonne aus der Gefangenschaft des bösen Drachen zu erlösen hat, und das ist, wovon Richard Wagner längst nichts wähnte, niemand anderes als der Winter. «Aus den Fesseln der harten Wintern», steht endreimstark in solides Holz geschnitzt, «habe ich, der Ritter, dich befreit / worauf uns und unseren Kindern / fortan der Sonnensegen scheint. / Du holde Jungfrau gibst mir Kraft, / Wärme und Fruchtbarkeit, / die bösen finsteren Mächte der Nacht / meiden unsere Zweisamkeit.»

Für das Navi gibt es noch immer kein größeres Verbrechen, als die angezeigte Route zu verlassen, die, wie könnte es auch anders sein, weiter entlang der B 180 verläuft, direkten und schlanken Wegs von Querfurt nach Naumburg hinein. Gegen den hinhaltenden Widerstand wage ich trotzdem den Abstieg ins Unstruttal mit noch mal extra schmerzenden Gelenken und krampfendem Unterschenkel. Das ist jetzt nicht mehr Sachsen-Anhalt, sondern Thüringen, Goethe- und Schiller-Land, klassischer Boden, so klassisch, dass es sogar einen

Radweg gibt, der nach dem schulbuchbekannten Mountain-biker Goethe benannt ist.

Übers Unstruttal haben sie eine monumentale Eisenbahn-brücke gebaut, die eigentlich ein größeres Tal, vielleicht sogar ein größeres Deutschland erfordert. Wahrscheinlich bringt es der Fortschritt mit sich, dass das eine oder andere Tal ermor-det werden muss, um die Zugfahrt München–Berlin um zwei Minuten zu verkürzen. Die Trasse führt ungebremst nach Nor-den, unterquert Steigra und das Rasenlabyrinth, kommt an der Himmelsscheibe in Halle vorbei und bringt einen rapide nach Berlin, das irgendwo weit am nördlichen Himmel liegen muss. Vorläufig fährt aber gar kein Zug über die Brücke, die immer noch darauf wartet, als Kulisse für einen sibirischen Oligarchen-Film entdeckt zu werden. Hier unten im Tal ist nichts, nichts außer der auf Vorrat gebauten Brücke, der ein halb zerstörtes Kalkwerk mit angeschlossenem Bahnhof folgt. Die Bahnhofsgaststätte steht zur Verpachtung; wenn nicht Sommer ist und die Radler ausbleiben, gibt es kein Geschäft.

Es ist aber Winter, wenn auch ein urzeitlicher Sonnentag, der Mensch und Natur einlullt. Ein Pferdefuhrwerk ist unter-wegs, eine Familie traut sich mit Kinderwagen und Roller ein paar Meter aus Laucha hinaus, dann ist wieder Ruhe. Nichts stört die Eintracht von Fluss, Himmel, Gras, Wald und Wan-derer. Im Unstruttal herrscht ein milderes Kleinklima, in dem bestimmt exotische Pflanzen gedeihen könnten so wie früher Riesenschachtelhalme, um die einst noch riesigere Saurier grasten. In dieser spätwinterlich-vorfrühlingshaften Phase scheint die Zeit aufgehoben, die Luft ist so lau, kein Wind weht, die Sonne macht sich einen lustigen Tag. Die Gefahr, hier zum Naturmystiker zu werden, bleibt dennoch gering, zu sehr schmerzen die Gelenke; der rechte Schuh drückt trotz zweimaligem Lockern weiter. Die Ethnographie erforderte es zwar, die nahe Kellerei für Rotkäppchensekt aufzusuchen, aber Alkoholverkostung wäre jetzt nicht hilfreich. Kurz vor Naumburg wird das Navi wieder dringlich und erklärt mich für «off road», was so viel heißt wie: rettungslos verloren, dabei ergab sich nur ein angenehmer Weg an der Unstrut entlang. An der Landstraße nimmt es den Pilger gnädig wieder auf und führt mich in der verlässlichen Begleitung des Feierabendverkehrs bis zur Brücke über die Saale.

An besseren Tagen saß ich am linken Ufer hoch da oben, schaute übers Saale-Unstrut-Tal nach Naumburg hinüber zum Dom und trank beinah zu viel vom guten Unstrut-Wein. Es war im Weinberg, den sich der Bildhauer Max Klinger gekauft hatte und in dem er 1920 auch bestattet wurde. Über dem Grab ragen zwei Hermen, die von Klinger und seiner Frau Gertrud Bock, ausgeführt von dem Bildhauer Johannes Hartmann, der nach Klingers Tod dessen Witwe, gedachte Frau Bock, heiratete und nach deren Tod ihre Schwester, mit der zusammen er im gleichen Grab wie das Ur-Paar zu liegen kam. Klinger war bestimmt der belesenste bildende Künstler seiner Zeit, aber besonders lieb müssen ihm die «Wahlverwandtschaften» und ihre Über-Kreuz-Verbindungen gewesen sein.

Wie jeden Abend beim Auspacken und Umziehen kurz das wollüstige Bedürfnis, sich zu kratzen, mit den Fingernägeln tief hineinzugraben ins geschwollene Muskelfleisch, den Druck unter der Haut zu lindern und vor allem die Schmerzen. Im Hotel der einzige Gast, dafür unterhalten sich im Restaurant zwei Ehepaare über zwei Stunden damit, sich gegenseitig ihre Handy-Melodien vorzuspielen. Der Weihnachtsmarkt ist längst geschlossen, die elektrischen Kerzen zittern im Wind. Was machen diese Städte und diese Plätze eigentlich, wenn einmal nicht mehr Advent ist, wenn kein Weihnachtszauber mehr hergestellt werden kann, wenn alles so wüst und leer ist, wie das die Restaurierungsbaumeister vorgesehen haben?

Im Dom der merkwürdig feiste Ekkehart, natürlich kein lebensnahes Porträt des Stifters, aber er scheint dem Schönheitsideal des Hochmittelalters zu entsprechen oder jedenfalls die Gestalt zu haben, mit der sich über Stadt und Landkreis am eindrucksvollsten herrschen ließ. Die gute Uta neben ihm, deutsche *frouwe*, deutsche *êre* von Nazi-Gnaden und wahrscheinlich wie der Gatte doch das Werk eines französischen Meisters, wirkt wie ertappt beim heimlichen Inventarisieren der Schmuckstücke und Ringe, ehe sie mit dem Schatz auf und davon geht und den getreuen Ekkehart sitzenlässt.

13

An der Saale aufwärts führt der Weg in eine fast schon romantische Vergangenheit. Er führt durch Weinberge, wechselt ohne Vorwarnung die Flussseite und weiß mit einem Mal nichts mehr von Magistralen und der großen Welt. Manchmal wird das Tal so schmal, dass sich auch der zur besseren Straßenbahn verlangsamte ICE nur schaukelnd durchlaviert.

Die Landschaft muss sich auf ihre Bewohner auswirken, die jetzt freundlicher werden und nicht nur knurrend und in der Angst Auskunft geben, sie könnten sich beim Mundaufmachen erkälten. Aus Bad Kösen heraus und plötzlich an einem Campingplatz, der wintersicher, aber wahrscheinlich nicht bewohnt ist. Es geht jedenfalls nicht weiter oder nur den steilen Hang hinauf. Die Füße mögen nicht mehr, kaum dass die ersten Stufen zu dem historischen Ort, der Rudelsburg, erklommen sind. Im ehemaligen Steinbruch ragt eine riesige Löwenfigur empor, Symbol der Befreiungskriege, in den Zwanzigern zum Gedenken an die im Ersten Weltkrieg gefallenen Studenten des Kösener S.C.-Verbandes heroisch aus dem Muschelkalk über der Saale gehauen. «Sie hielten aus in Kampf und Sturmeswettern», steht da von Theodor Körner, «und standen treu bei Tugend, Recht und Pflicht. / Das Schicksal kann die Heldenbrust zerschmettern, / Doch einen Heldenwillen beugt es nicht.»

Proto-nazimäßiger geht es kaum, und darum wurde der Platz von der DDR zunächst als militaristisch abgelehnt, später haben sie dann doch ihre Jungen Pioniere hier vereidigt. Die Ausflugshöhe über der Saale kann nicht ungenutzt bleiben, darum folgt ein erstaunlich wenig trutziger Bismarck, den Haltung und Degen als Corpsstudenten ausweisen, ebenfalls von Studenten gestiftet und betraut damit, die Wacht über der Saale zu halten. In der DDR wurde der schnurrbärtige Bismarck beseitigt (sie ahnten ja nicht, dass sie ihn kurz vor Schluss noch mal brauchen würden), nach der Wende ausgerechnet von einer Firma in der Nachbargemeinde von Altötting nachgegossen und feierlich wieder installiert. Es folgen die Zwillingstürme der Burg Saaleck, zu der ich auch noch hinaufsteige, weil mir einfällt, dass sich dort oben 1922 die Rathenau-Attentäter versteckt oder vielmehr verschanzt hatten. Hermann Fischer warf eine Handgranate in den Wagen des Außenministers, Erwin Kern erschoss Rathenau mit der Maschinenpistole. Die beiden ehemaligen Offiziere gehörten der «Organisation Consul» an, die für verschiedene politisch motivierte Attentate verantwortlich war. Walther Rathenau sollte sterben, weil er nicht bloß Jude, sondern auch noch Industrieller war und als Politiker den Ausgleich mit den Siegermächten suchte. Fischer und Kern versteckten sich zunächst in Berlin und flohen dann, als Touristen getarnt, auf dem Fahrrad Richtung Elbe und weiter über Braunschweig nach Thüringen. Die Polizei suchte mit größtem Aufgebot, doch offensichtlich verfügte die Verschwörergruppe über genügend Leute, um immer wieder zwei weitere städtisch gekleidete Radfahrer auftreten zu lassen, die von den Flüchtigen ablenken sollten. Auf der Burg Saaleck wollten sie abwarten, bis sie ein Mitverschwörer nach München schleusen würde, damals das Zentrum des militanten Widerstands gegen die Weimarer Republik. Sie wurden beobachtet, die Polizei kam, die Attentäter bestellten über Studenten, die zufällig vorbeigingen, Grüße an ihren Chef Ehrhardt, der zwei Jahre zuvor den Kapp-Putsch angeführt hatte. Angeblich riefen sie noch: «Wir wissen, wie wir zu sterben haben! Wir sterben für unsere Ideale!» Kern starb beim Schusswechsel mit der Polizei, Fischer tötete sich anschließend selber und achtete dabei darauf, die Bettwäsche des abwesenden und selbstverständlich eingeweihten Burgherrn nicht zu beschmutzen. Unten in Saaleck sind sie begraben und seitdem Wallfahrtsziel für Neonazis, die es nach Kampf und Sturmeswettern gelüstet. An jedem 24. Juni, wenn sich das Attentat jährt, legen diese traditionsbewussten Fans unter Polizeiaufsicht einen Strauß Blumen für die beiden Mörder nieder oder versuchen es wenigstens. Der Grabstein wurde längst entfernt. Marcel Ophüls sagt in seinem Film «Nicht schuldig?» (1976): «Dass sich die Nazis immer die schönsten Gegenden aussuchen müssen!» So geht der Tag, ein einziges deutsches Abenteuer.

In Dorndorf ist es stockfinster bei der Ankunft. Die Stahl-
brücke über die Saale ist für den Verkehr gesperrt, und besonders sicher wirkt sie auch für den Fußgänger nicht. Bei der
Straßenbeleuchtung wird gespart, weshalb sich hier sogar die
Autos vor der Dunkelheit fürchten. Irgendwo zwischen den
Häusern versteckt eine Pension, die schon unterwegs mit dem
Versprechen «Sauna» geworben hatte. Die Wirtin hat noch
eine winzige Kammer, eine Art umgebautes Jugendzimmer
mit der Grundfarbe Malve, aber es gibt doch die Sauna für
meine schmerzenden Gelenke. Die Sauna? Kann ich? In einer
halben Stunde? Es tue ihr furchtbar leid, sagt sie, aber heute
sei «Damentag» in der Sauna, heute ausgerechnet sei es nicht
möglich. Das winzige Bad des winzigen Zimmers geht auf
den Hof hinaus, auf dem unsichtbare, aber zweifellos rund-
erneuerte Damen das laufende Einkaufs-, Kinder-, Ehemann-
und Auto-Programm durchsprechen und sich, während ich
mich abtrockne, für den nächsten Damentag verabreden.

Keine Sauna, keine einzige Dame gesehen, und zu essen
gibt es auch nichts im Ort, sagt die Wirtin. Einzige Möglichkeit: nach Dornburg. Dafür geht es zurück über die abenteu-
erliche Brücke, über einen glatten, streckenweise vereisten
Steig hinauf, dann an der Straße entlang, auf der ebenfalls
an Licht gespart wird. Oben gruppieren sich die Häuser
um die Schlösser; Charlotte von Stein nutzte eines davon,
Goethe verbrachte 1828 mehrere Monate hier, um seinen
Herzog zu betrauern. Karl August, 1775 eben volljährig und
regierungsfähig geworden, hatte ihn vor einer beamtenähn-
lichen Existenz in Frankfurt bewahrt, indem er den Superstar
der jüngsten Literatur nach Weimar lockte, wo Goethe den
Dichterberuf und das hymnische Schweifen fast augenblick-
lich aufgab und auf dem zweiten Bildungsweg zum Obersten

Steuerprüfer, Wegeinspektor, Bergbauzuständigen, Soldatenausheber, Kronjuristen, Minister, zum herzoglichen Jagd-, Tanz- und Schwimmgefährten und auch zum Theaterdirektor umschulte, der gerade noch Zeit fand, sich in die eher herbe Charlotte von Stein zu verlieben, Hofdame aus bester Familie, mehrfache Mutter und fast sieben Jahre älter. So ging er der Literatur nicht ganz verloren, sondern schrieb ihr die schönsten Gedichte deutscher Sprache. Und die Liebe? Die Liebe hielt natürlich nicht ewig. Frau von Stein hat ihm nie verziehen, dass er sie nicht einweihte, als er sich 1786 nach Italien davonstahl. Mit den neuen Interessen, die er, schwer antikisiert, aus Rom mitbrachte, konnte sie auch nicht so furchtbar viel anfangen: Perspektive, Optik, Farbenlehre und immer diese Steine. Auch der Herzog, mit dem zusammen Goethe anfangs die Landesschönsten im Herzogtum umschmeichelt hatte, erkaltete in seiner Liebe, wandte sich einer bunten Folge von Mätressen und dem Heerwesen zu, trat dafür in preußische Dienste und kämpfte zeitgemäß mal mit, mal gegen Napoleon. Auf dem ersten Feldzug, der kläglich gescheiterten «Campagne in Frankreich», hat ihn Goethe 1793 noch begleitet. Am Ende wusste er aber doch, was er an seinem zum Großherzog erhobenen Karl August hatte: Weimar, ein eigenes Geistesreich, in das die Großen der Welt gepilgert kamen, um ihn anzustaunen. So trauerte er um Karl August kaum weniger als um Schiller, der ihn bereits Jahrzehnte früher verlassen hatte.

Die Wirtin erzählt, dass der Berg bis vor kurzem komplett gesperrt gewesen sei. Die Autos hätten nicht mehr hinauffahren dürfen, bis der Berg in einem Stahlnetz gefangen gewesen sei. Dafür habe man sich sogar Ingenieure aus der Schweiz geholt, weil die Erfahrung mit Bergen und Gerölllawinen hätten. «Der Berg rieselt», habe der Chefingenieur zu ihr gesagt. Er sei einsturzgefährdet wie ein Haus, vergänglich. Dornburg steht auf Kalkstein, und der ist lebendig.

Seit der Wende um 1800 ist Mineralisieren das Hobby auch der besseren Kreise und ihrer Schriftsteller. Goethe regalierte die Weimarer Gesellschaft sogar noch in der Kur in Karlsbad mit seinen frisch erworbenen Kenntnissen. So gelang ihm auch der ungewöhnliche Reim «Basalte/das alte». Einer launigen Anekdote zufolge fragt Freiherr von Stein, jener Stein, der Goethe so großzügigen Umgang mit seiner Frau gestattete, den Großen Weimarer, welcher Stein, er, Josias von Stein, denn sei oder welchem er gleiche. «Kalkstein!», versetzt Goethe, weil dieser immer gleich aufbrause, und nicht nur im Regen. Schließlich amtierte Goethe in den Diensten des Herzogs auch als Bergbauaufseher in Ilmenau. Der Herzog hoffte auf größere Silberfunde, um die Staatskasse zu entlasten, doch die wollten sich bei aller Schürferei nicht einstellen. Mehr dazu selbstverständlich im zweiten Teil des «Faust».

Die Dornburger Schlösser gehören sicher zu den schönsten an der Saale und zeigen noch die alte strategische Bedeutung: Das Land wird von oben beherrscht. Von dieser Herrschaft ist die Kunst geblieben, die Pracht der Schlösser. Aber wie das so geht, die Anmut, über die einst regiert wurde, ist nur mit modernster Schweizer Technik zu bewahren. Alles Weitere regelt die Wirtschaft, und das heißt, die Anmut muss zerstört werden, um weiter finanzierbar zu sein. Oben die feudale Kunst, unten die profane Industrie. Oben die Geschichte, unten wird der Kalk zermahlen und verschifft.

14

Im Licht eines bleichen Viertelmonds am anderen Morgen los, die Gassen still und noch autofrei, kaum eine Straßenlaterne, der Weg ins Saaletal allenfalls an den Konturen erkennbar, wintermorgenkühl alles. Die Strecke führt in den Wald, ein Wirtschaftsweg, sonst nur für Fahrräder. Am Ufer in der Talbreite etwas Licht, ein Vorschein der Dämmerung, die erst eine Stunde später anbricht, aber auch der geht unter den nächsten Bäumen verloren. Der Dornburger Goethe notierte am 9. September 1828: «In der Morgendämmerung war Venus der Sonne weit vorausgegangen und stand hoch am Himmel. Die ganze Luft war rein und klar, das Barometer abermals gesunken, aber immer noch im leidlichen Stand. Gegen sechs Uhr früh hüllte ein dichter Nebel das ganze Thal, stieg aber nicht so hoch, dass er die gegenüberstehenden Berge verdeckt hätte.»

Aus der Nacht nähert sich langsam ein Auto, und ehe es den Kurvenknick erreicht hat, springt aus Bergwaldtiefe ein Höllenhund auf mich zu, ein für den frühen Morgen jedenfalls viel zu großer Hund, und ist auch schon wieder vorbei. Das Auto hat das Fernlicht an, fährt weiter, dem Hund nach. Zehn Minuten später kommt das Auto aus der anderen Richtung, der Fahrer hält und entschuldigt sich ausgiebig. Er habe ja nicht damit rechnen können, dass hier so früh am Morgen jemand entlanggehen würde. Er fährt ein Stück weiter und lässt erst dann seinen Hund wieder aus dem Auto, den er für den Rückweg meinetwegen eingesperrt hat. Dem Schrecken folgt erst die rosenfingrige Eos, dann eine Hello-Kitty-Vordämmerung, schließlich ein lodernder Sonnenaufgang, wie ihn Homer seinen Recken kaum hätte schöner malen können.

Im Weichbild Jenas tauchen die ersten Jogger auf, und dann erscheint schon wieder Goethe oder jedenfalls eine graue Steinfigur, die den Erlkönig aus der Ballade darstellen soll. Er steht übermannshoch und mit einem Krönlein als Herrscher ausgewiesen vor einer Felsspalte und streckt die Hände verlangend über einen kleinen Teich hinüber. Soll man sich fürchten, oder will er vielleicht doch den Wanderer segnen?

Soll sein, wie's mag, die Füße mögen nicht mehr. Sie sind nur bereit, sich und den Rest zum Arzt zu verfügen. Der Arzt dreht und wendet und zerrt den linken Fuß, den rechten Fuß, aber da ist offensichtlich nichts kaputt. Die erneute Schwellung kommt vom Aufprallen auf den Asphalt, sagt er, aber das hätte ich notfalls selber gewusst. Dann verschreibt er Ruhe, Ausheilen, Beinehochlegen und – ohne diese Kränkung mag er es nicht tun – Stützstrümpfe. Für die Straße, wenn ich unbedingt weiterlaufen müsse.

Mit meiner Wallfahrt, mit meinem ehrbaren Gelübde, wollte ich ihn gar nicht erst behelligen, redete nur vom Wandern, aber zum Glück interessierte ihn das nicht. Gewöhnliche Sportverletzungen, in dieser Jahreszeit am liebsten beim Skifahren eingesammelt, sind ihm lieber, und ein ordentliches Gipsbein macht doch was her, findet auch der Patient, der vor mir aus der Praxis gehumpelt kommt, die Vorfreude auf die vielen Filzstift-Autogramme und die Bewunderung der Frauen im Gesicht.

Diese dämlichen Strümpfe, sowenig kleidsam sie sind, holt sich, wie mir netterweise versichert wird, inzwischen jeder Feierabendjogger bei Tchibo und läuft damit gleich noch mal so gut. Also weiter in Strumpfhosen. Im Hotel ein großer Ölschinken, der letzte Gruß im Lutherland. Der Reformator legt den staunenden Jenensern als wiedergeborener Messias, aber nach seiner Weise die Schrift aus, während am Bildrand der Wirt die durstig disputierten Bibelkundler mit Nachschub versorgt und die züchtige Hausfrau sich um das Essen kümmert, das erst Leib und Seele zusammenhält. So gesehen ist sogar die Religion protestantischer Observanz zum Nachkochen empfohlen.

Aber sollte ich nicht vielleicht in Jena bei der FDP vorbeischauen, fragen, wie's so geht dieser Tage? Doch das wäre sinnlos, am Sonntag ruht sogar die Partei der besserverdienenden Thüringer. Es geht auch so weiter. Vorher noch mal durchgerechnet: Vierhundertsechzehn Kilometer in vierzehn Tagen, das sind tatsächlich knapp die kalkulierten dreißig am Tag. Umso niederschmetternder die Aussage von Freund Routenplaner: noch dreihundertfünfundfünfzig Kilometer nach Altötting, insgesamt also viel mehr als die berechneten siebenhundert. Das kommt durch die Flucht von der Bundesstraße. Andererseits wäre ich selbst als eisenharter Asphaltier noch längst nicht dort, sondern wahrscheinlich tot, überfahren von einem freiberuflichen Glühweintester, der die ganzen Weihnachtsmärkte abfährt. Immerhin mehr als die Hälfte geschafft.

15

Jena – Schiller lehrte hier, und Goethe, nicht immer der Freigeist, der winters den Brocken bestieg und sich durch eine beachtliche Zahl Frauen liebelte, hat versucht, im Sinne seines Herzogs die aufrührerischen Studenten an der herzoglichen Universität zu bespitzeln. Für besondere Unruhe sorgte Johann Gottlieb Fichte, der später die berühmten «Reden an die deutsche Nation» hielt, also den Prolog zu Botho Strauß, der «im Namen eines Volkes der Deutsche» sein will. Hegel soll hier irgendwo den «Weltgeist zu Pferde» gesehen haben, der unter dem Namen Napoleon 1806 zur Schlacht von Jena und Auerstedt eilte, aber die Philosophen hatten seit je diesen unseligen Hang zur Macht. Außerdem fürchte ich, dass sich der Weltgeist eher im «Grillteufel» am Holzmarkt manifestiert als beritten. Vielleicht braten sie ja dort auch Pferd. Da ist mir doch der Organist lieber, der die Stadtkirche vorsichtshalber verschlossen hält, damit ihn niemand bei seiner Morgenandacht stört. Wahrscheinlich träumt er von Halberstadt, von John Cage.

Die abgeheilten Knöchel marschieren pflichtschuldig ihren Weg und ahnen nichts von dem Kreuzbandriss, an dem ich auf dem Glatteis zwischen den Sukzessionsfeldern an der talüberquerenden Autobahn nur knapp vorbeischlittere. Das Tal verengt sich weiter, das Ufer an der rechten Seite rückt dicht an den Weg. In Rothenstein sperrt keine Schranke den Gleisübergang der ICE-Trasse. In Rothenstein wirkte – ohne Goethe geht es einfach nicht – der Großvater von Christiane Vulpius als Pfarrer; Goethe ist also eine Art Schwiegerenkel. Die versprochene Grabplatte ist natürlich nicht zu sehen, da die Kirche verschlossen ist.

In Rothenstein und Großeutersdorf befinden sich unterirdische Stollen, in denen seit den Nazi-Jahren Waffen hergestellt, versteckt und wieder fortgeschafft wurden. Zu Zeiten der DDR soll sich hier das größte militärische Depot Mitteleuropas befunden haben. Die nahe Autobahn hätte den Nachschub im Verteidigungsfall oder auch im Angriffsfall gegen die nur bedingt abwehrbereite westdeutsche Bundesrepublik leichtgemacht. Schatzsucher und andere Spinner haben in den Stollen unweigerlich das Bernsteinzimmer vermutet. 1990 übernahm die Bundeswehr das Gelände und ließ es, nachdem die Einbrüche sich häuften, endlich verschließen. Ein Immobilienunternehmen bemüht sich inzwischen, die Anlage zu verscherbeln, es will sie bloß keiner haben. Wie viel und was Plünderern in den Übergangsjahren tatsächlich in die Hände gefallen ist, weiß niemand. Die Altbestände haben den Weg ins Volk gefunden. Interessanterweise hat ein Skinhead, der sich später als V-Mann anwerben ließ, Uwe Böhnhardt und Uwe Mundlos auf deren Wunsch den Sprengstoff besorgt, der sich 1998 in einer von Beate Zschäpe gemieteten Garage in Jena fand. Danach tauchten die drei in den Nationalsozialistischen Untergrund ab. Jena ist nicht nur deutsche Klassik, sondern auch ein Nazi-Hotspot.

16

Inzwischen bin ich schon im Saale-Orla-Kreis, südliches Thüringen, oder wie die Leute mit dem Gefühl auf dem rechten Fleck sagen: das grüne Herz Deutschlands. Bei dem strahlenden Wetter (gestern noch hat es geregnet für drei ägyptische Finsternisse) geschieht ein Wunder: Autofahrer lassen massenhaft ihre Fahrzeuge stehen und verwandeln sich in Spaziergänger. Das Herz geht ihnen auf an diesem Mittwintertag, der aber alles andere sein will. Die Sonne verströmt sich ein letztes Mal und schon recht silbern über einem spätbarocken Wolkenungetüm, aus dem in einem klassischen Bibel-

Film von Cecil B. DeMille mindestens Gott sprechen würde. Diese Sonne geht unter im Westen, aber sie lässt sich Zeit und wärmt schon ein bisschen. Rot und gelb und wieder rot blüht der Himmel. So sollte es immer sein.

Um die längere Saaleschleife abzukürzen, bei Freienorla ins Orlatal, aber das ist wider Erwarten keine Nebenstrecke. Der Ausflugstag rächt sich: Kaum wird es dunkel, setzt die Rückverwandlung der Spaziergänger in Autofahrer ein. Eine Massenbewegung. Warum fahrt ihr so geisteskrank und hupt auch noch, wenn ihr mich seht, wo ich doch absolut korrekt auf der linken Seite gehe und jedes Mal auch noch ins graue, graue Gras ausweiche, wenn mir jemand entgegenkommt? Warum müsst ihr mich von der Straße drängen, wo ich doch in euren Städten und Dörfern die Stöcke eigens hochnehme, um keinen Krach zu machen? Selbst sonntagmorgens haben diese atheistischen Zonis nichts Besseres zu tun, als über die Straßen zu brettern, und abends können sie nicht anders und müssen wieder zurückbrettern.

Bereits am Nachmittag hatte ich in Kahla nach Übernachtungsmöglichkeiten saaleaufwärts gefragt, aber unter den genannten Nummern meldete sich niemand; schließlich habe ich über das gute alte Internet ein Zimmer in Pößneck reserviert. Das Hotel liegt ganz oben auf dem Berg in einem Park. Die Tür ist verschlossen, ich klingle, es rührt sich nichts. Ich rufe die Nummer an, die an der Tür steht, ich höre es drin läuten, doch keiner geht ran. Was ist das, ein David-Lynch-Hotel, verwunschen, und die Besitzerin sitzt mumifiziert, mit geschminktem Lächeln an einem Bakelittelefon? Es ist das einzige Hotel am Ort. Wo soll ich bloß hin?

Pößneck ist eine Kleinstadt und auf Fremde erkennbar nicht eingerichtet. Ein Mädchen, das ich um Hilfe frage, läuft wortlos erschrocken davon. Aber gut, bei meinem Aufzug; außerdem ist es längst dunkel. Wieder den Berg hinab, suchen. Am Rathaus ist kein Zimmernachweis zu finden. 1969 sollen sich hier Jugendliche versammelt haben, um gegen die Polizei zu demonstrieren, die mehreren hundert von ihnen die staatsgefährdend langen Haare abgeschnitten hatte. Heute ist Pößneck, was immer das heißen mag, eine «Stadt der Vielfalt». Vor dem Schwimmbad stehen zwei junge Männer mit angemessen kurzen Haaren, denen ich meine Notlage kurz erkläre: kein Zimmer trotz Reservierung, nicht einmal ein Bett, eine dünne Zudecke.

Der eine ist sofort bereit zu helfen. Er ruft seinen Vater an, berät sich mit ihm. Gleich bei ihm in der Nähe befinde sich eine Pension, da werde er mich jetzt hinbringen. Dann erzählt er mir, dass er nicht bloß Leistungssportler sei, sondern Ingenieur werden wolle und gerade seine Arbeit über Filtermembranen schreibe. An der Tür der Pension hängt ein Zettel: «Zu». Mein Samariter gibt nicht auf. Wieder ruft er seinen Vater an, fragt ihn, ob er noch eine andere Möglichkeit wisse, und beruhigt mich gleichzeitig damit, dass ich notfalls bei ihm schlafen könne. Der Vater kennt eine weitere Unterkunft, der Sohn fährt mich auch dahin, stellt mich der Wirtin vor und verabschiedet sich mit allen guten Wünschen. Nicht mal zu einem Bier, einem Kaffee will sich mein Retter einladen lassen; sein Vater erwarte ihn zum Abendessen. Der Osten, was soll ich sagen, der Osten ist nicht rot, sondern gut.

Die Wirtin zeigt mir mein Zimmer und stellt, während sie vor mir die Treppe hinaufsteigt, eine Frage, die mir unter weniger obdachlosen Umständen das Kreuz gebrochen hätte: «Sind Sie Frührentner?» Weil ich doch mitten im Jahr und eindeutig ohne Urlaubs- und Erholungsabsicht quer durchs Land marschiere. Soll ich jetzt sagen: Nein, aber die ganze FDP ist dank meines wundertätigen Gelübdes frühverrentet worden? Sie würde es doch nicht verstehen.

Zu essen, sagt die Vermieterin, gebe es bei ihr nichts, aber in der Kneipe gleich gegenüber. Dort haben sich, als wären sie die ersten Christen und müssten die Verfolgung fürchten, sämtliche Starkraucher von Pößneck zusammengerottet und schwärzen die katakombischen Mauern noch weiter. Im hinteren Raum haben sie sich vor einem wandfüllenden Bildschirm versammelt, auf dem in einer Nostalgiesendung ondulierte DDR-Schlagersänger in übelster ZDF-Ästhetik auftreten. Es ist nicht bloß menschengefährdend verraucht, sondern auch furchtbar laut, aber ich bin gerettet. Die Chefin empfiehlt Schnitzel mit Spiegelei, und das zusammen – in dieser Fülle zeigt sich die wahre Gastfreundschaft – herausgebacken mit Brot. Nachdem die Arbeit am Fleischberg halb getan ist, meldet sich die Hotelchefin, entschuldigt sich mit ausflugsbedingter Abwesenheit, will mich noch auf dem Berg willkommen heißen, aber jetzt ist es zu spät.

Das Bett in der Pension ist in Ordnung, in meiner Situation wäre mir eh alles recht gewesen. Während ich mir die Decke überziehe, preise ich mein Glück, nicht irgendwo draußen auf dem Feld kälteschauernd die aus Polen herübermigrierten Wölfe fürchten zu müssen. Es ist auch keineswegs die schlimmste Absteige. Manche Pilgernacht habe ich in einer luftdichten Abstellkammer verbracht, terroristisch laut zur Lastwagenfurt gelegen, gesichert von einer knisternden Plastiktüte, weil man mehr als den Zechpreller durchreisende Bettnässer fürchtet. Genug schlafen kann man unterwegs ohnehin nicht, weil in den überbeanspruchten Muskeln und Gelenken die Unruhe weitertobt. Oft liege ich morgens schon vor der Zeit wach, dabei ist das Aufstehen sinnlos, braucht die Sonne im Winter doch länger. Dass mich ein bettflüchtiger Hund einmal verschont hat, garantiert mir nicht die körperliche Unversehrtheit für den nächsten dunklen Morgen.

17

Beim Frühstück denkt der Pößnecker Wirt etwas großherziger von mir als seine Frau am Abend zuvor. Er unterhält sich nicht mit einem Frührentner, sondern von Sportler zu Sportler. Nach Hof soll es gehen? (Mehr wollte ich nicht zugeben.) Mit dem Rad brauche er vier Stunden, nach Hof seien es doch bloß sechzig Kilometer, das fahre er öfter. Und zu Fuß, wie lang? So genau könne er das nicht sagen, auf jeden Fall länger als mit seinem Rennrad. Und wieder kommt Freddie Mercury, der ewige Untote, aus dem Radio: «I Want to Break Free».

Wie vom Wirt angekündigt, steigt der Weg nach der Plattensiedlung am Ortsrand ganz allmählich an. Pößneck ist noch lange zu sehen; es liegt in der Orlasenke. Über Landstraßen geht es auf die Hochebene, auf der merkwürdigerweise keine Windräder stehen, nur Überlandleitungen, die den Strom in bewährter Weise liefern. Ein Mann fährt die Masten mit seinem Kleinlaster ab, sonst kaum Verkehr. Mist dampft auf einer Wiese, frisch ausgebracht, aber auch da ist niemand, nirgends ein Zeichen von landwirtschaftlicher Tätigkeit. Das Land ist verlassen. Sind denn schon alle weg?

Das ist der Thüringer Wald, wieder deutsches Mythengebiet, aber wenig Märchenhaftes. Hinweisschilder sind ausgeblasst – wem sollten sie auch etwas zeigen? Krähen flappen zäh voraus, quarren sprachverlangsamt, sie sind die Gegenwart von Fremden so wenig gewohnt wie die Menschen. Gelegentlich Fischteiche, die sich offenbar von allein bewirtschaften. In der Flur Schinderhügel liegt ein überfahrenes Reh am Straßenrand; niemand scheint's zu kümmern. Selbst den Fliegen ist das Aas zu viel Arbeit. Bei Lenz, als der durchs Gebirg stapfte, war das Wetter dramatischer aufgelegt. «Am Himmel zogen graue Wolken, aber alles so dicht, und dann dampfte der Nebel herauf und strich schwer und feucht durch das Gesträuch, so träg, so plump.»

Plötzlich ist die Strecke identisch mit einem Europawanderweg von der Ostsee zur Adria, mir bisher persönlich nicht bekannt und fast sofort wieder verloren. Vermutlich hätte ich den nehmen müssen, weil ihn schon Heinrich der Löwe und die anderen Kreuzritter auf ihrer Wallfahrt nach Jerusalem nahmen. Die Dörfler sind hier womöglich noch verschlossener und melancholischer als sonst schon, aber das kann anders gar nicht sein, wenn zum Abend hin wie in einer verwunschenen Erzählung aus dem Fin de Siècle die Nebel an der Saale steigen. Mitsamt den Kaskaden soll das da unten der größte Stausee Europas sein, was ich sofort glaube, als mir eine Wand aus kalter Feuchtigkeit entgegenschlägt.

Mitten in dieser abgeräumten Einsamkeit steht ein Denkmal aus zersprungenem Marmor für mehrere Dutzend Häftlinge, die 1945 auf dem Todesmarsch aus Buchenwald starben: «Man tötet den Geist nicht, Ihr Brüder.» Es geht sacht abwärts. Die Strecke beschleunigt von ganz allein, verläuft sie doch auf einer stillgelegten Bahnstrecke, deren Gleise asphaltiert sind. Trotzdem dann diese Kränkung: Während ich auf einer Tafel die Geschichte der Schleizer Bahn studiere, überholt mich mit raumgreifenden Schritten eine rüstige Rentnerin und ist auch durch heftiges Ausschreiten meinerseits nicht mehr einzuholen.

Es ist die Jahreszeit, die die Leute drin- oder gleich ganz fernhält. Der Strand an der Talsperre Bleiloch weiß sich vor Traurigkeit kaum zu fassen. Bootsteile liegen herum, zerschlissene Liegestühle, die Anlagen verlassen, der Sand graut vor sich hin. Aus dem «Milchhof Saalburg» ist ein banaler Abholmarkt geworden, von der Evangelischen Gemeinde wird – mehr geht nicht mehr in der vollsäkularisierten Post-DDR – Beckenbodengymnastik angeboten. Am traurigsten ist der Hotelier. Optimistisch und auf meine Leistungsfähigkeit vertrauend, hatte ich wegen der Beinah-Katastrophe am Vorabend schon morgens angerufen und nach einem Zimmer gefragt. Da müsse er erst nachschauen, sagte der Mann am Telefon, dann, nach einer Pause, ja, ein Einzelzimmer sei noch frei. Bei der Ankunft abends ist das Hotel leer, ich bin der einzige Gast. Im Flur vor den Zimmern liegt in Körben die gebügelte Wäsche bereit für den Fall, dass doch noch jemand kommen sollte. Der Besitzer hat ein Zimmer vorgeheizt, gegen einen geringen Aufpreis bekomme ich aber das Familienzimmer mit der Badewanne. Während das Wasser einläuft, klopft es, der verständnisvolle Wirt, sein eigenes Zimmermädchen, bringt eine Flasche Schaumbad mit Duftaroma.

An der Bar hockt dann tatsächlich noch jemand und hält sich eine halbe Stunde an seinem Pils fest. In der Gaststube, von der es im Sommer zur Saale hinabgeht, steht eine Vitrine mit Murano-Glas, an der Seite Reste einer Erntedankfest-Installation, aus dem Radio kommen halbstündlich «Nachrichten für Deutschland und Thüringen», gefolgt vom namenlosen Namen des Aufsagers. Der Wirt hat sich mit sei-

nem Stammtrinker pflichtschuldig über die täglichen Welt-
katastrophen unterhalten, bis der sich verabschiedet hat und
nach Hause gegangen ist. Dann macht er für mich Koch und
Kellner. Er schnetzelt, brät, trägt auf und unterhält sich mit
mir, das heißt, er klagt sein Hoteliersleid über den letzten langen Winter, dass sich sein Haus im Winter nicht rentiere, er es
aber offen halten müsse, weil sonst im Sommer auch keiner
komme. Als in Ostdeutschland mehrere Täler überschwemmt
gewesen seien, sei gleich gar keiner mehr gekommen, obwohl
es an der Saale wegen der Talsperre überhaupt keine Überschwemmungen geben könne. Nicht einmal eine Frau habe
er – «derzeit!», wie er betont –, müsse es also ohne jede Hilfe
schaffen. Neben der Rezeption steht als Gesellschafterin
wenigstens eine Schaufensterpuppe im Dirndl. Er bekomme
einfach niemanden in seinen Saalegasthof. Einer Aushilfe
biete er hundert Euro für zehn Stunden in die Nacht hinein,
das Trinkgeld – «das sind noch mal vierzig Euro!» – selbstverständlich extra, aber dafür kriege er schon niemanden mehr.
«Die wollen alle ausgehen mit ihren Freunden und nehmen
lieber Hartz IV.»

18

Der Wirt hat am Morgen sein Mitteilungs- und Klage-
bedürfnis offensichtlich überwunden, denn er ist fast ver-
stummt, als er das sparsame Frühstück aufträgt. Wie der
Wirt in Bargfeld ist er Herr im eigenen Haus erst, wenn das
Haus leer und seins allein ist. Einen Märchenwald soll es
beim Ortsausgang von Saalburg geben, aber mehr als ein ver-

lassener Parkplatz zeigt sich davon nicht. In einer Hofeinfahrt in Wernsdorf hängt ein aufgebrochener Rehbock – ist das womöglich der von gestern? Das ist doch ein Wandergebiet für Jung und Alt, wer möchte da Bambi am Strick hängen sehen? Der Steinmetz um die Kurve, der auch noch Zeißig heißt, macht es richtig, nämlich die Tiere aus Stein. So hat er ein großäugiges Eulenpaar vor seiner Tür stehen, Mutter und Kind natürlich, und auf dem Stamm, den er für seinen Briefkasten gefräst hat, hausen zwei weitere von der Sorte. Heute hat er keine Lust, Grabmale zu meißeln, er fährt zu einem Kollegentreffen nach Leipzig – die Autobahn ist in Hörweite – und bringt einen Rotkäppchen-Korb voller Wein, Honig und Süßigkeiten mit.

Dann laufe ich wieder richtig in den Thüringer Wald hinein, in dem die Arbeiter mit schwerstem Gerät den Bestand ausdünnen, zerlegen, aufladen und fortschaffen. Vor lauter Sehnsucht nach dem weichen Waldboden bin ich immer wieder auf Wege geraten, die die verschiedenen Landvorsprünge über der mäandernden Saale durchqueren, aber doch nicht nach Süden führen.

Ein Abenteuer ist es nicht, leicht beängstigend schon, wenn die Karte nicht weiterhilft und das Navi einen wieder einmal streng darauf hinweist, dass man sich «off road» befinde. Das ergibt manchmal absurde Situationen, wenn jemand anruft, der am Telefon und mit seinem ernsten Anliegen natürlich nicht ahnen kann, dass man sich eben aus einem Gestrüpp freigekämpft hat, weil der Weg einen zwar an die Saale, aber trotzdem nicht am Ufer entlanggeführt hat. Warum sollte man ihm das andererseits auch mitteilen? Der Gang durch den Wald, den kaum ein Auto, kein Radfahrer und kein einziger Wanderer beeinträchtigt, muss ja nicht an Leute verhökert werden, die am Schreibtisch sitzen und in Terminen und anderen Kantinenschlusszeiten denken. Im tropfenden Wald ist einem dann die stolze Melancholie des Hoteliers gar nicht mehr so fremd.

Der Bleilochstausee unten war natürlich nicht umsonst zu haben. Die Saale sorgte einst regelmäßig für Überschwemmungen. Nach dem Niedergang der Flößerei – der Thüringer Wald ist recht erfolgreich entwaldet – verlor sie ihren Nutzen als Transportweg. Ein Stausee als Rückhaltebecken schien deshalb in den zwanziger Jahren das zukunftweisende Projekt zu sein. 1932 wurden für dieses Unternehmen bei Saaldorf die Siedlungen Spaniershammer, Hennemannsreuth und Gottliebsthal elendiglich ersäuft. Heute führt eine Brücke über das nasse Grab, die vom Fernverkehr einer weiteren «Erlebnisstraße der Einheit» zittert. Im Sommer soll es hier sehr schön sein, behaupten die Einheimischen, im Winter ist es weiter oben, wenn sich die Saale mit ihren Schlingen immer weiter verschmälert, aber noch viel schöner. Die Wälder rauchen vom eben niedergegangenen Regen, die Ferienhäuser sind zugeschlossen, kein Förster hält es für nötig, nach dem Rechten oder nach dem Wild zu sehen. Mehr Natur geht nicht. Es wird so einsam, dass eigentlich nur noch ein skandinavischer Kommissar fehlt, der in einem zerbeulten Kleinwagen heranzockelt und wurstbrotkauend darüber nachsinnt, warum es in Nordschweden mehr Morde als Einwohner gibt.

Der Nebel dampft herauf und streicht feucht und schwer durch das Gesträuch. Mit einem Mal stimmt Büchners Schilderung für seinen Lenz. Vor Blankenstein raucht es wie nicht einmal mehr im Ruhrgebiet. Aus dem Tal dampft es, als würden gerade die Aufseher eines Stahlwerks den Abstich prüfen, um dann zehntausend kellerbleiche Sklaven die Maschine zusammenschweißen zu lassen, mit der ein finsterer vollbärtiger Kapitän Nemo demnächst die Weltherrschaft zu erobern gedenkt. Es ist aber nur die Zellstofffabrik Rosenthal, und der Schornstein, der den Rauch ins All abgibt, ist längst nicht mehr so hoch wie der alte, den sich die nach Weltniveau lechzende DDR leistete. Auf dem Betriebsgelände, hinter einem videoüberwachten Maschendrahtzaun, ragen Berge von Sägemehl empor, die durch den Ausstoß der Holzmühle unaufhörlich weiterwachsen würden, holte sich nicht unten ein Schaufelbagger immer wieder etwas weg fürs Einsieden oder um damit die Waggons zu beladen, die zu einem Zwillingswerk unterwegs sind.

Bis hierher, wo die Selbitz in die Saale mündet, die sich bei der Gelegenheit in einer scharfen Kehre ostwärts wendet, reichte bis Ende 1989 die DDR, die ihr Saaleufer gegen alle potenziellen Flüchtlinge mit größtem Aufwand bewehrt hatte. Nach rechts, nach Westen, ginge es zum Rennsteig, dem üblichen Wanderparcours, der aber um diese Jahreszeit auch niemanden lockt. Die Bahn verkehrt, wie es sich hier gehört, mit viel Dampf, es steigt bloß keiner mehr aus. In der zugehörigen Gaststätte wird lange darüber gestritten, ob Deutschland, Westdeutschland nach älteren Begriffen, 1965 oder 1966 in der WM-Qualifikation gegen Schweden gespielt hat. 2:1 gewonnen, ganz sicher. Beckenbauer, das weiß einer noch ganz genau, sei damals zum ersten Mal dabei gewesen. Beckenbauer! Er habe ihm seither die Treue gehalten, ihm und dem FC Bayern, seit er in die Bundesliga aufgestiegen sei, auch 1965. «Damals kannte man die Spieler noch alle», sagt der Mann, der vielleicht Vorarbeiter war in der Fabrik und sich das Wortführen im Ruhestand bewahrt hat, «heute sind so viele Ausländer dabei, die kann sich doch keiner merken.»

Dann gibt es eine Runde Schnaps, der Wirt erwartet keine größeren Umstände mehr und trinkt mit.

Das Gespräch wird grundsätzlich und wendet sich dem Fernsehen als moralischer Anstalt zu, ohne dass die technischen Aspekte vernachlässigt würden. Nämlich mit der Frage, ob man mit HD überhaupt mehr oder besser oder farbiger sehe und ob das nicht ein groß angelegter Schwindel sei. «Die wollen uns doch für dumm verkaufen!», ruft der Wortführer mit erhobenem Bierglas, aber der andere, der das Gerät zu Weihnachten von seinem Sohn bekommen hat, will diesmal nicht nachgeben, sondern schwärmt von der Bildtiefe, jedenfalls beim Fußball. Es ist nicht ausgeschlossen, dass es sich hier um den klassischen Streit zwischen Besitzenden und Habenichtsen handelt, doch beruhigt er sich sehr schnell wieder. Denn eigentlich, da sind sich die drei Gäste mit ihrem Wirt, der nur noch aufsteht, um Getränkenachschub zu besorgen, vollkommen einig, lohne sich das Fernsehprogramm überhaupt nicht. «Da kommt doch nie was!» Was nicht bloß axiomatisch ist, sondern auch kaum hintergehbar, weil die Philosophen sonst nicht hier säßen; sie säßen, HD oder nicht, vor dem Fernseher und schauten sich irgendwas Fernsehmäßiges an.

19

In der Pension singt beim Frühstück diesmal zur Abwechslung John Denver über «Country Roads», und seine helle Stimme erhebt sich weit über den Nippes-Müll, mit dem jeder Vorsprung und jede Ecke zugestellt ist, auch über die dampfende Trübsal, die über dem ganzen Ort liegt. Der Wirt ist Spengler von Beruf und war 1989 bei den Montagsdemonstrationen dabei. Heute richtet er Häuser ein und arbeitet hier nur nebenbei. Um auf den Betrag für die Übernachtung und den gestern beim Empfang gereichten Kaffee herausgeben zu können, wirft er sich schnell ins Auto und fährt wegen des Wechselgeldes zwei Straßen weiter.

Die Fabrik hat zwar die Öffnung der Grenze überstanden – eine Firma aus dem Westen hat das Unternehmen gekauft –, doch der Ort schrumpft wie alle anderen im Osten. Jüngere Leute gibt es überhaupt nicht mehr. Blankenstein sinkt trotz seiner hochmodernen Fabrik langsam in die Vergangenheit und die Zeit des touristischen Anfangs zurück, als eine Werksbahn die ersten Sommerfrischler hierherschaffte. Die Sommerfrischler, soweit es sie noch gibt, kommen vielleicht wirklich in ein paar Monaten wieder nach Blankenstein, das auf winzigem Raum deutsche Politik- und Wirtschaftsgeschichte zusammenführt. Ein kleiner Denkstein erinnert an Anton Wiede, der vor hundertdreißig Jahren eine Papierfabrik gründete. Bis zur Wende wurden besonders wertvolle Sorten hergestellt, die man im benachbarten Blankenberg zwischenlagerte. Eine Pferdebahn beförderte die Papierballen die Saale entlang. Die Gleise verlaufen noch immer am Ufer, längst übergrast und natürlich nicht mehr in Betrieb. Der Weg an der Saale ist unter den überkragenden Felsen teilweise so schmal, dass die schweren Papierballen nicht quer, sondern nur längs transportiert werden konnten, und immer drohte die Gefahr, dass Ballen trotzdem verrutschten, die Wägelchen das Gleichgewicht verloren und aus den Gleisen sprangen. Einmal fiel eine dieser schweren Rollen doch ins Wasser. Die Grenzer auf der gegenüberliegenden bayerischen, der westdeutschen Seite, freuten sich, weil sie endlich das ganze Aufgebot der DDR-Grenzer zu sehen bekamen, für die nichts Geringeres als ein internationaler Konflikt drohte. Eine Grenzverletzung zwischen Ost- und Westblock! Das Papier konnte unmöglich dem Klassenfeind überlassen werden. Die DDR-Grenzschützer bildeten ein Such- und Rettungskommando, um die Rolle, die natürlich inzwischen unbrauchbar geworden war, aus dem Fluss zu fischen. Die Grenze der sich in ihrem Anspruch auf Eigenstaatlichkeit nie ausreichend anerkannt fühlenden DDR verlief in der Flussmitte, wohin das Papier unweigerlich strudelte. Dennoch gelang es Fachkräften der Nationalen Volksarmee, das havarierte Objekt dingfest zu machen und ans richtige Ufer zu retten.

Davon erzählt ein Jogger, der genau an der Fußgängerbrücke über die Saale stehen geblieben ist, auf der jetzt völker- und geschichtsverbindend steht: «Grenzen trennten 1945–1989 Brücken verbinden». Der Jogger war mehr als dreißig Jahre bayerischer Grenzbeamter an der ehemaligen Zonengrenze. Heute ist er ein fast unverschämt gesund aussehender Rentner, der dem Wanderer immer mal wieder die Hand auf den Arm legt, um die Wahrheit seiner fast exotischen Geschichten zu betonen. Blankenberg, genau über uns auf einem Felsen gelegen, war eine preußische Festung, von der aus man wehrhaft nach Süden, nach Bayern, schauen konnte. Nach dem Abzug der Amerikaner, die zunächst auch Thüringen erobert hatten, wurde Blankenberg im Sommer 1945 die Ostgrenze des sowjetischen Machtbereichs. Hier ließ sich kein breiter Todesstreifen anlegen, vielmehr kam man dem Feind bis auf Ruf- und Wurfweite nahe.

Nichts aber fürchteten die DDR-Grenzer mehr als den Kontakt zur anderen Seite. Und doch mussten sie hier unter

den Augen der Feinde paradieren und den Souveränitäts-
anspruch der DDR vertreten. Der Grenzer erzählt davon wie
von einer streichseligen Jugend. Er hat erlebt, wie sich einige,
denen die Ausreise oder die Flucht gelungen war, noch mona-
telang auf der gegenüberliegenden, der westdeutschen Seite
aufhielten und im Benehmen mit ihm und seinen Kollegen
durch Zeichen Kontakt hielten zu den Freunden, Verlobten
oder Angehörigen, die drinbleiben mussten. Wie sie sich über
Lichtzeichen verständigten, die aus sonst verdunkelten Zimmern kamen und Gefahr oder Kontaktmöglichkeiten signali-
sierten. Wie sie Briefe mit fingierten Adressen und verklausu-
lierten Angaben schickten, um einen weiteren Fluchtversuch
anzubahnen. Wie in einer Neumondnacht einer versuchte,
vom Westen durch die Saale hinüber ans andere Ufer zu
gelangen, um dort seine Freundin in Empfang zu nehmen. Sie
sollte zu einer bestimmten Stunde auf ihn warten und beim
Wachwechsel ins Wasser gleiten. Sie erschien aber nicht, sie
war einfach nicht da, als ihr Freund sie abholen wollte, und er
musste unter Lebensgefahr allein wieder zurück nach Bayern.
Oder der Italiener, der als Nichtdeutscher in die DDR reisen
durfte, bei der Rückfahrt aber mit seinem Lastwagen auf der
Brücke liegenblieb, die Brücke zu Fuß nach Bayern überque-
ren wollte, um Hilfe zu holen, und dann von den ostdeutschen
Grenzern als vermeintlicher Republikflüchtling erschossen
wurde.

Die Grenze zwischen Ost und West verlief nicht nur in
der Flussmitte, sondern auch auf der Mitte der Brücke, die
nur wenige passieren durften. Manchmal standen sie sich da
direkt gegenüber, «Auge in Auge», wie er sagt, und ärgerten
die Kollegen dann – er spricht ganz unaggressiv von «Kollegen» – mit der Frage, was denn wohl passieren würde, wenn

sie noch einen Schritt weitermachten, über den Markierungs-strich genau in der Mitte. Würden sie dann davonlaufen? Hilfe holen? Oder etwa doch schießen?

Der Jogger kann das alles mit der größten Gelassenheit erzählen und dazwischen die Schönheiten Oberfrankens und Thüringens preisen. «Ich versteh gar nicht, warum die Leute immer so weit wegfahren müssen. Bei uns ist es doch auch schön, es weiß bloß keiner.» Er freut sich bereits auf das nächste Veteranentreffen mit den ehemaligen Kollegen. Dies-mal sollen auch welche von der anderen Seite kommen. «Das wird bestimmt interessant, was die zu erzählen haben.»

Über dem Tal hat ein Bürgermeister eine Aussichtskanzel errichten lassen. Das Gestänge singt im Wind, die Metall-platte zittert leicht, der Boden bebt, dass einem flau im Magen wird. So ähnlich muss die Aussicht gewesen sein, die sich den Grenzbewachern bot, wenn sie das Saaletal nach möglichen Aufmarschbewegungen des Feindes absuchten. Da die Leute lieber fortziehen und die Ansiedelungsbemühungen der Kommunen bisher nicht sehr erfolgreich sind, liegt das Tal da unten so unberührt da, als wäre es die Weide für ein paar Dutzend Zentauren und andere Fabelwesen, die sich vor dem Trubel der Welt in diese Einsamkeit gerettet hätten.

Jägermeister ist nicht nur der Kräuterschnaps, den sich die Jugend der Welt sorglos reinpfeift, sondern vor allem eine alte Berufsbezeichnung, die von der bereits erwähnten Wolfen-bütteler Firma raubkopiert worden ist. Mitten im Wald sind die beiden Interpretationen wundersam zusammengeführt: In der werbetypischen gotischen Schrift prangt auf einem jägergrünen Autoheck der Gruß «Waidmannsheil». Daneben sind zwei Waldarbeiter damit beschäftigt, einen Baum zu fällen. Sie passen nicht auf, und so prallt die Fichte direkt vor mir mit dem Stamm auf einen großen vorstehenden Stein und knickt in der Mitte durch. Das sei nicht so schlimm, sagen sie; es handle sich sowieso nur um Bauholz. Da sie erkennbar vom Fach sind, kann man sie auch danach fragen, warum die Waldbesitzer ständig über die schlechten Preise jammern. Dafür gebe es keinen Grund, versichern beide fast in einem Atemzug; seit Einführung des Euro, seit 2002, sei der Preis für den Ster Holz noch nie so hoch gewesen wie jetzt. Nämlich? Dreihundert Euro für eine fünfundzwanzig Jahre alte Fichte. Die nostalgische Rückkehr zum Kachelofen, die alternativen Heizmethoden mit Pellets und Holzbriketts erlaubten es, den Einschlag so gründlich zu verwerten, dass jeder Stamm auf zweihundert Prozent kommt. «Da darf das Finanzamt aber nichts von wissen.» Zum Glück geht das Finanzamt nicht in den Wald.

Den Weiler Saalbach gibt es nicht mehr, darum heißt die Flur jetzt Wüstung. Die Bewohner wurden 1952 zwangsumgesiedelt, ihre Häuser abgerissen. 1958 wurde eine geologische Tiefenbohrung veranstaltet, bei der man in 558 Metern Tiefe ein uraltes Wasser meteorischen Ursprungs fand. Es würde sich, wenn die Besitz- und Ausbeutungsprobleme zu klären wären, ohne weiteres als mild schäumendes Zonenrandmineralwasser vermarkten lassen.

Vom Saaleufer geht es vergleichsweise steil nach oben, die Straße ist wieder befahren, führt über eine Brücke, und drunter röhrt die Autobahn Berlin–München, über die eine Raststätte gebaut ist. Es ist wie die Rückkehr in das, was ja wohl Zivilisation heißt. Selbst bei den Stunden und Tagen auf der linken Seite der Überlandstraße, selbst beim Marsch durch das fürchterliche Braunschweig, wenn die anderen mit allen Mitteln verhindern, dass man sich von ihrer Welt trennt, geht man doch monadisch durch sie, durch diese Welt, mit der man zunehmend weniger zu tun hat. Aber jetzt, im sogenannten «Gusticus» der Brückenraststätte Frankenwald, beim Einlösen eines Tank- und Rast-Gutscheins, der bei der kostenpflichtigen Toilettennutzung abfällt, wird mir vollends klar, wie wenig ich in den letzten Wochen von dieser Welt war und wie gründlich ich mich genau davon verabschiedet hatte. Es liegt nicht daran, dass das Essen hier noch mal extra furchtbar schmeckt oder dass die Gäste es hineinschlingen, um möglichst schnell weiter nach Berlin oder München zu fahren, auch nicht daran, dass die Reinigungsmittel mir die Nasenschleimhäute verätzen oder dass übellaunige Kinder um ihre übellaunigen Eltern herumspringen und dabei in einem unerhörten Diskant kreischen, es liegt einfach an der Wallfahrt, von der die Brückenraststättenbesucher naturgemäß nichts wissen (zumal sie deswegen ohnehin bloß den Kopf schütteln würden).

Eine junge Frau sitzt in der Ecke, schüttelt ihrerseits die langen rot gefärbten Haare und reibt sich hingebungsvoll Trockenshampoo hinein. Dann fasst sie die toupierten Locken in eine damenhafte Hochfrisur, steckt sie mit einer Perlmuttspange fest, überprüft die nachgezogenen Lippen im Spiegel, steht auf, zieht sich den Wickelrock aus, unter dem sie einen wesentlich kürzeren und Netzstrümpfe trägt, packt ihre Sachen ein und marschiert davon. Was passiert da? Es muss das normale Leben sein. Die Raststätte ist zwar alles andere als eine Oase, aber daran, dass ich mich hier auf einer anstrengenden Expedition befinde, gibt es doch keinen Zweifel. Die Natur, sowenig davon im mittleren Deutschland zum Vorschein kam, hat einen bereits gründlich für das gewöhnliche Leben verdorben.

Beim Anstehen am Buffet warten hinter mir zwei Männer, deren Blaumänner auf im Zweifel allergrößtes Unverständnis für meine Art der Deutschlandreise deuten. Der eine der beiden Handwerker verfügt über einen derart maßlosen Bauch, dass dafür sämtliche seitlichen Knöpfe seiner Latzhose offen gelassen werden mussten. Drunter trägt er ein Vereinshemd, das ihn als Mitglied eines Armbrust- und Bogenschützenvereins ausweist. Im Gedenken an den Jäger im Braunschweigischen, der seinen Beruf so waidwund gegen vermeintliche und echte Jagdfeinde verteidigte, unterstelle ich ihm gleich, dass er mit seiner Armbrust bestimmt nur arme Tiere töte. Der Mann korrigiert mich erstaunlich gelassen, erklärt, dass er Bogenschütze sei und mit seinem Bogen selbstverständlich keine armen Tiere jage. Er kommt hörbar aus Thüringen und ist so geduldig, dass ich ihn etwas fragen will, was ich in den griechischen Sagen nie ganz verstanden habe. Wie hat Odysseus die Freier davon überzeugen können, dass er der heimgekehrte Mann der Penelope ist? Ich habe die Stelle in der Zwischenzeit noch mal nachgeschlagen. Bei Johann Heinrich Voß lautet sie so:

«Und mit der rechten Hand versucht' er die Senne des Bogen; / Lieblich tönte die Senne, und hell wie die Stimme der Schwalbe. / Schrecken ergriff die Freier, und aller Antlitz erblaßte. / (...) Dann zog er, / Sitzend auf seinem Stuhle, die Senn' und die Kerbe des Pfeils an, / Zielte dann, schnellte den Pfeil, und verfehlete keine der Äxte; / Von dem vordersten Öhre bis durch das letzte von allen / Stürmte das ehrne Geschoß.»

«Wie hat er denn», sage ich mit ungekünstelter Laienhaftigkeit, «wie hat er denn durch die Äxte schießen können?»

«Ganz einfach», und der Bogenschütze weiß es tatsächlich, «er hat durch die hintereinandergereihten Axteisen geschossen, die Eisenteile ohne den Stiel.» Da hätte ich einen im Westen sozialisierten Deutschen sehen mögen, der Homer auch so ausdeutschen kann!

«Hier waren Deutschland und Europa bis zum 30. Dezember 1989 um 8 Uhr geteilt», steht auf der braunen Tafel an der Saalebrücke vor Hirschberg. In der einzigen Wirtschaft hängt ein Sepiadruck der Lederfabrik, die es hier gab und von der kein Stein mehr geblieben ist. In den besten Zeiten waren in der Fabrik fast tausend Menschen beschäftigt und fertigten jedes Jahr zwei Millionen Quadratmeter Oberleder. Eine österreichische Firma habe sie nach der Wende übernommen, sagt die Wirtin, dann sei sie pleitegegangen und abgerissen worden. Der Ort selber ist völlig vernachlässigt, alles bröckelt, alles zerfällt, aber das in lehmigen Stasifarben, und im Grenzmuseum gibt es dafür die glorreiche Vergangenheit. Die Leute, was sollen sie tun, fahren über die Saale nach Bayern zum Arbeiten.

Es ist bereits fünf vorbei, als ich von Hirschberg saaleaufwärts aufbreche. Dem Navi gehe ich bald verloren, es will wieder die Landstraße haben, die von den Pendlern beansprucht wird. Zunächst ist der Weg noch ausgezeichnet, führt im Dämmer am Ufer entlang, über Wurzeln hinweg und herabgefallene Äste. Unter den Bäumen bereits Nachtschatten. Es eilt, also ziehe ich die Schuhbänder schnell nach, schnalle die Stirnlampe um und erhöhe das Tempo. Zwischendurch eine Strecke ganz im Freien, dann wieder Wald, aber es kommt Joditz nicht, das Tagesziel, und die Saale ist auch weg, nur dunkler, finstrer Wald. Auf dem Display lokalisiert mich das Navi als hoffnungslos verlorenen Punkt in einem unerforschlichen Nichts, nicht einmal die vormaligen Panzerwege, auf denen die Grenztruppen einst patrouillierten, sind hier registriert.

Nach einem riesigen Umweg lande ich schließlich an einer Überlandstraße, wenig befahren jetzt in der Nacht. Der erste Ort ist Töpen, wo eben zwei Jugendliche, bereits in ihre Handy-Nachrichten vertieft, im Streit auseinandergehen. Sonst ist das Dorf gespenstisch leer, nur die Kühe, sattgefressen und leergemolken, dampfen aus dem Stall. Noch mal übers freie Feld, an Isaar vorbei bis nach Joditz, wo ich tatsächlich die Saale wiederfinde. Auch Joditz ist mausetot, die Leute werden zu Hause sitzen und sich beim Fernsehen müde trinken.

Ich bin angemeldet, und die Wirtin in Joditz erwartet mich mit den beiden Männern am Stammtisch schon. Es ist, wie es sein soll auf einer Pilgerreise: Die Herbergsmutter rückt mir den Stuhl an den Holzofen, legt zwei Scheite nach und verordnet mir zur Stärkung erst mal ein Bier, nicht zu kalt natürlich, sondern etwas vorgewärmt für den Gast. Die Männer sehen sich mit langen stummen Blicken an, wie ich allmählich auftaue, wie die Angst, gar nicht mehr aus dem Wald herauszufinden, langsam von mir abfällt. Sie fordern, als wär's wirklich ein Abenteuer gewesen, einen genauen Bericht meiner Fährnisse, laden mich aber schon bei den ersten Sätzen zu sich an den Stammtisch, damit man sich gleich richtig versteht. Genau genommen bittet mich nur der eine der beiden Männer herüber, der andere schweigt. Er ist Bäcker von Beruf und backt umweltverträglich; ebenso musterhaft ist er Zuhörer bei den Ausführungen des anderen, die er bestimmt nicht zum ersten Mal vernimmt.

Es geht um die Rente. Die Rente soll jetzt früher kommen, nach fünfundvierzig Beitragsjahren soll es möglich sein, in Rente zu gehen, sagt die SPD, sagt der Mann, und darauf verlasse er sich und werde ganz bestimmt in sechs Jahren aufhören. Also muss er siebenundfünfzig sein, sieht aber mit seiner Leibesfülle und seinem ziemlich erschöpften Gesicht viel rentennäher aus. Er ist Wasserwirt und hält aus dem Stand einen Vortrag über die Güte des Wassers in Oberfranken im Allgemeinen und im Einzugsbereich der Saale im Besonderen. Ton, sagt er, Ton muss es sein, der Ton hält das Wasser.

Wasser ist sein Thema, sein Metier, seine Leidenschaft, aber eigentlich ist er Künstler. Der Wirtin hat er einen Quader aus Zirbelholz mitgebracht, den er selber handtellerweich zurechtgehobelt hat. Jetzt steht eine Kerze drauf, und sie besprechen das Werk. Er erklärt es für ein besseres Abfallprodukt, neben der Arbeit in der Werkstatt entstanden, wo er seinem Schreinerhandwerk nachgeht, dem Beruf, den er gern erlernt hätte, aber nicht ausüben durfte. Trotzdem hat er sich nebenher diese Werkstatt eingerichtet und hobelt und sägt und drechselt an seinen Werkstücken. Die Wirtin bedankt sich für das gute Stück, streicht immer wieder darüber und lobt, weil er es doch erwartet, die samtene Glätte. Er macht das Holzstück herunter, verweist auf das sichtbare Astholz, das den ebenmäßigen Eindruck beeinträchtigt, sie lobt weiter, bezeichnet den Quader als idealen Kerzenständer. (Sie hat sehr viele Kerzen in der Wirtsstube verteilt.) Er führt länger aus, was jeden bildenden Künstler quält, dass das Material unerwartetes Leben zeigen kann, springen kann es, brüchig sein oder wie bei dem Quader Zirbelholz verastet und damit von vornherein verdorben. Eine Viertelstunde fast führen sie dieses Tänzchen auf: Er redet sein Werk schlecht, sie lobt es, obwohl sie nicht weiß, was sie mit dem Quader anfangen soll. Dabei will sie ihn doch die ganze Zeit nach Hause schicken, was natürlich nicht geht, wenn er ihr gerade dieses Geschenk gemacht hat. Soll er etwa zu Hause allein trinken? Hier hat er Gesellschaft, ein geduldiges Publikum und sein kleines Kunstwerk, an dem er bestimmt lange geschnitzt hat.

20

Draußen fährt der Wasserwirt vorbei. Ob ich gesehen hätte, wie viele Kreuze er auf seinem Bierfilzl hatte, fragt die Wirtin beim Frühstück. Zusammen würden die beiden, der Hobbytischler und sein schweigsamer Stammtischbruder, in einer Woche leicht ein Fassl Bier wegtrinken. Er sei ja sonst ein lieber Kerl, er helfe ihr, wenn eine neue Bierlieferung komme oder sie den Christbaum aufstelle, doch irgendwann müsse doch Schluss sein. Wie man bloß so viel trinken könne, sagt sie freundschaftlich besorgt.

Sie ist eine gutmütige Frau, aber manchmal wird es ihr doch zu viel. Ihr Mann ist vor sieben Jahren gestorben. Sie führt die schöne alte Wirtschaft allein, kocht, putzt, macht die Zimmer und setzt sich dann noch zu den Gästen an den Stammtisch, um sich den Quatsch anzuhören, den sie schon seit Jahren erzählen. Den einen Zahn, der ihr im sonst schönen Unterkiefer fehlt, zu ersetzen, lohnt sich nicht mehr, so wenig wie die Wirtschaft. Keins ihrer Kinder hat Lust, den Betrieb zu übernehmen. Sie hat sie in sicheren Berufen untergebracht, warum sollten sie sich hier mühen? So wird auch diese Wirtschaft verschwinden. Als Herrnhuterin gibt sie mir die Losung mit auf den Weg, den meinen dem Herrn zu überlassen.

Ohne Jean Paul geht man aber nicht fort aus Joditz. In Joditz war sein Vater Pfarrer, in Joditz, sagt die Legende, liebelte er mit dem Nachbarskind von Fenster zu Fenster. Obwohl es keinen deutscheren Schriftsteller gibt, wurde Jean Paul vor zweihundert Jahren auch in England und bis weit nach Russland hinein gelesen. Zahlreiche Gräfinnen und auch bürgerliche Frauen flanierten mit ihm durch fränkische Täler und hoch ins Fichtelgebirge, vergossen sympathisierende Tränen mit seinen Heldinnen, und erst der dumme Nietzsche wollte ihm den Garaus machen, indem er ihn ein «Verhängnis im Schlafrock» schimpfte.

Eberhard Schmidt wohnt an der Dorfstraße schräg gegenüber. Er leitet, nein, er hütet ein Jean-Paul-Museum und gibt sich allergrößte Mühe, als raubauziger Wächter seines «Schambaul» zu erscheinen. Zwar lässt er sich herausklingeln, ist aber denkbar schlechter Laune. Wenn den Berichten seiner Zeitgenossen zu trauen ist, war Jean Paul immer bester Laune und trank sich mit der Zeit einen ziemlichen Bierbauch an, aber wie Schmidt so dasteht und aus jedem Handgelenk sofort zwei Dutzend schöner Jean-Paul-Sätze schüttelt, könnte er fast sein Wiedergänger sein. Er steht also im Hauseingang und schimpft in Galoschen über die Joditzer, die ihn immer nur gemobbt hätten. Das Haus neben ihm, ebenfalls eine Wirtschaft, heißt Auenthal nach dem Namen, den Jean Paul in seiner Novelle über das Schulmeisterlein Maria Wutz seinem Kindheitsdorf Joditz gegeben hat. Der «Schambaul» gehe ihnen sowieso an allem vorbei, sagt Schmidt, nur finster alles hier. Er habe zwar das Bundesverdienstkreuz erhalten für sein lebenslanges Wirken für Jean Paul, aber die hätten alles unternommen, damit er in seiner Arbeit sabotiert werde.

Ich wäre gern in die Kirche gegangen, in der der Vater waltete, aber sie ist versperrt. Den Schlüssel zur Kirche habe der Pastor, und der sei nicht da, sagt Eberhard Schmidt. Genauer gesagt, seien schlüsselgewaltig der Pastor und er, aber er wolle nicht, weil er mit dem Pastor nicht auskomme, nein, jetzt nicht, ich solle mich an den Pastor wenden, neinneinnein, er wolle nicht. Aber dann will er plötzlich doch, es macht ihm sogar Spaß, mich halb illegal in die Kirche zu lassen und mir den nackten Hintern der Christusfigur über der winzigen Kanzel zu zeigen. «Da oben lag der ‹Schambaul› und schaute runter auf den Christus.» Es ist, grad jetzt am Morgen und bei grau verdecktem Himmel, ein dunkler Schiffsbauch von einer protestantischen Kirche, aber der Hintern, in seiner schamlosen barocken Direktheit, der leuchtet. Jean Paul musste als Kind bei Begräbnissen die Bibel des Pastors, seines Vaters, durch diese Kirche tragen. «Erträglich und herzhaft genug ging es im Galopp durch die düstere stumme Kirche bis in die enge Sakristei hinein; aber wer von uns schildert sich die bebenden grausenden Fluchtsprünge vor der nachstürzenden Geisterwelt auf dem Nacken und das grausige Hinausschießen aus dem Kirchentore?»

In Joditz beginnt der Jean-Paul-Weg, eingerichtet von den üblichen verdienstvollen Fremdenverkehrsvereinen, aber bestückt von Eberhard Schmidt, nämlich mit mehr oder weniger passenden Stellen aus Jean Pauls riesigem Werk, angebracht als Wegmarken an mehr oder weniger biographierelevanten Stellen entlang der Route. Es geht also am Jean-Paul-Gedenkstein und am Jean-Paul-Felsen vorbei, geht sacht bergauf und wieder hinab und nah an dem Ort vorbei, wo sich sein Bruder Heinrich 1789 ertränkte, weil er, wie es heißt, Schulden gemacht hatte. Nachdem der Vater früh gestorben war, blieb der kinderreichen Witwe wenig anderes, als sich von den Großeltern in Hof aushalten zu lassen. Mit dem Schnappsack wurde Jean Paul einmal in der Woche nach Hof geschickt, um

Essen zu holen, zehn Kilometer hin, zehn Kilometer zurück, zwanzig an einem Tag, mein Vorläufer.

Der schöne Naturlauf, kaum unterbrochen durch die Autobahn, die in hohem Bogen drüber wegführt, endet jäh vor dem Prospekt der oberfränkischen Metropole Hof, der schon beim ersten Anblick den Rang Braunschweigs als bisher hässlichste Stadt gefährdet. Noch vor der Stadt ragt der Teufelsberg, was aber nichts Schlimmeres als eine ungewöhnliche Felsformation ist, in der Mitte wie von Titanenhand auseinandergerissen und mit einem deutlich sichtbaren Hufabtritt versehen. Der Teufel verfügt, wie jedermann weiß, über einen Pferdefuß, mit dem er sich geschwind davonmachen, aber auch kräftig austeilen kann. Wie Augenzeugen berichten, hat er, «besonders bei Nacht, die Leute in die Saale geführt, oder durch seltsame Gesichte erschreckt» – was man als Teufel halt so tut.

Ende 1989 verwandelte sich Hof, nach Jahrzehnten im dunkelsten Sack Westdeutschlands, schlagartig in eine leuchtende Weltstadt, in der sich Tausende von reisewütigen Thüringern und Sachsen stauten, die endlich den Westen sehen wollten. Sie sahen eine im Krieg zerstörte und nach dem Krieg lieblos wiederaufgebaute Stadt, die sich mit Zonenrandförderung mühsam erhalten hatte. Als die Wiedervereinigungsbegeisterung dann abkühlte, sank Hof in seine bloße Durchgangsstadtbedeutung zurück. In einer Unterführung hat ein wahrer Kenner in Leuchtschrift die bittere Erkenntnis «Jasmin Mulzer is ne bitch» hingesprüht, und am Hauptbahnhof zackt zwischen den wartenden Taxis ein grausam abstraktes Denkmal zur deutschen Einheit. Das ist Hof beziehungsweise «In Bayern ganz oben», wie sich die Stadt einmal mottomäßig charakterisierte. Egal, fünfhundertfünfzig Kilometer sind es inzwischen seit Hamburg. Noch mal, wenn ich darf, Jean Paul:

«Gänge in tiefer Dämmerung und halber Nacht berauschen und begeistern die Jugend. In ihr zog nun an den Markttagen die Janitscharenmusik durch die Hauptstraßen; und Volk- und Kindertross zog betäubt und betäubend den Klängen nach, und der Dorfsohn hörte zum ersten Male Trommeln und Querpfeifchen und Janitscharenbecken.» Von der Poesie der jeanpaulschen Mond- und Nachtanbetung ist in Hof rein gar nichts zu merken.

Ein wahres Glück also, dass ich wieder hinunter zur Saale kann, vorbei an einer verlassenen Gaststätte, an trostlosen Siedlungen, an einem Mann, der mich aus trübem Himmel mit der selbstverständlich witzig gemeinten Frage anherrscht: «Wou hostna deine Schia?» Nicht dabei natürlich, aber er hat ja recht: Der rote Anorak, die wintergerechte Mütze und vor allem die Stützstöcke geben mir den Anschein eines Ski-langläufers, dem bloß die vorgebahnte Loipe fehlt. Es liegt ja auch kein Schnee, von ein bisschen Raureif, ein paar zählbar wenigen Schneekristallen in der Luft, ein bisschen unange-nehmem Graupel abgesehen. Ich gehe wirklich wie bei einer Trockenübung.

Eine Nonne kommt mir entgegen, eher eine Elfe, in jedem Fall zu jung für die katholische Burka, die sie einschließt. Ich frage sie, was die frommen Wegzeichen an der Saale zu bedeu-ten haben, die Bibelsätze, die hier ohne Vorwarnung auf-gestellt sind, und erfahre wenigstens, dass sie zwar Deutsche ist, aber aus Sibirien stammt, aus Kasachstan genauer gesagt, wohin Stalin ihre Vorfahren hat deportieren lassen, weil er die Kollaboration mit den einrückenden deutschen Soldaten fürchtete. Höflich wünscht sie Frommes und schwebt weiter ihres Wegs.

Am Ortseingang von Schwarzenbach liegt immerhin eine

halbe Mehlschaufel voll Schnee, aber sonst versteckt sich der Winter. Dafür steht ein aufgekanteter Würfel aus zusammengepresstem Altmetall vor dem Alters- und Pflegeheim, in dem gerade fröhliche Weisen abgesungen werden. Weil Geschäftsleute keine Deppen sind, heißt das erste Hotel am Platz Jean-Paul-Hotel, auch wenn weder die Frau an der Rezeption noch die Bedienung weiß, wer das gewesen sein soll, «Schambaul». Ein Dichter war er und hat hier gelebt. Aha, soso, geht die Antwort und in die Frage über: «Und zu trinken?»

Das rinnt so rein, das gute Bier, weil am nächsten Tisch eine Runde Lackexperten tagt, angeführt von einem besonders weitgereisten Lackexperten, der die anderen mit Schnurren aus Mexiko, New York und Shanghai und den dortigen Lackproblemen unterhält. Als er seine von niemandem bestrittene Weltläufigkeit noch steigern will und vor den anderen die Bedienung anmacht, prallt er an ihrer Routine ab. Er versucht es mit einer Zote, die auch nicht verfängt, schließlich mit der nicht weit hergeholten Mutmaßung, dass sie aus dem ehemals unfreien Teil unseres Vaterlandes stamme. «Da müssen Sie aber noch viel lernen, wenn Sie es bei uns zu was bringen wollen», doziert er weltmännisch und ergänzt, Ton in Ton mit seiner rheinischen Frohnatur: «Sie können da nich zum Lachen in de Keller jehen, dat jeht nich!» Am nächsten Morgen ist die Bedienung vom Abend die Frühstücksbedienung und kann berichten, dass die Lackexperten nach ihrer Ablösung noch den Nachtportier um das gute Bier bedrängt und deshalb heute Morgen verschlafen hätten.

21

«Sie stehen auf meinem Grab!», sagt der Mann streng. Er ist nicht tot – wie könnte er sonst sprechen? –, aber das Grab, darauf beharrt er, ist seins. Es liegt an der Außenmauer des Friedhofs im oberfränkischen Schwarzenbach; die Rose auf dem sonst leeren Stein, erst recht die gute Lage weist es als Herrschaftsgrab aus. Der Mann, der seinen Grund und Boden so entschlossen verteidigt, hat es vor zwanzig Jahren als künftigen Liegeplatz erworben. Die Anwartschaft erlischt demnächst, aber er wird sie nicht mehr verlängern. Er braucht das Grab nicht mehr, sondern wird sich, wenn es so weit ist, ganz woanders bestatten lassen, in Nienburg an der Weser, gut vierhundert Kilometer weiter nördlich. Die Familiengruft wartet auf ihn.

Komischerweise haben es die Leute an der Strecke überall mit dem Sterben, dabei könnte man doch erst mal über das Leben reden – wie es ist, wie es sein könnte. Aber wahrscheinlich führt das schon zu weit. Auf dem Friedhof von Schwarzenbach liegt Johann Christian Christoph Richter begraben, der hier «zur grösten Betrübnis der Fr. Witwe u. 5 lebenden Söhne den 25. April 1779 selig starb». Der Vater von Jean Paul wirkte in Schwarzenbach als Pfarrer; der Sohn bewahrte ihn im Gedächtnis, weil er nie die Todesangst vergaß, mit der ihm die Religion eingebimst wurde. In seiner «Rede des toten Christus vom Weltgebäude herab, dass kein Gott sei» heißt es einmal: «Die Kindheit, und noch mehr ihre Schrecken als ihre Entzückungen, nehmen im Traume wieder Flügel und Schimmer an und spielen wie Johanniswürmchen in der kleinen Nacht der Seele.»

Der zweitberühmteste Tote in Schwarzenbach ist eine

Frau, Dr. Erika Fuchs. Zu einer Ehrentafel an der Friedhofsmauer hat es dennoch nicht gereicht. Frau Fuchs hat, wie natürlich auch jeder weiß, die Micky-Maus-Hefte ins Deutsche gebracht. Ihr Mann war Fabrikant, sie war mit ihm schon vor dem Krieg ins Fränkische geweht worden und begann hier – sie hatte in Kunstgeschichte über einen Barockmaler promoviert – die berüchtigten Hefterl zu übersetzen, die ich als Kind nicht lesen durfte. Die von ihr erfundenen Sprüche sind berühmt («Heute gehört uns die Kohldampfinsel, / und morgen die ganze Welt» oder «Wir wollen sein ein einig Volk von Brüdern, / in keiner Not uns waschen und Gefahr»), sie hat aber auch dick Lokalkolorit aufgetragen. Die Gemeinden Unter- und Oberkotzau, durch göttliche Vorsehung vor und nach Hof platziert, kommen bei ihr vor, selbstverständlich auch das weitum berühmte Schnarchenreuth. Oberfranken bietet aber noch viel mehr. Allein in der Gemeinde Berg, die ich auf dem Weg von Hirschberg nach Joditz rechts liegenlassen musste, finden sich die Ortsteile Erzengel, Lerchenhaag, Gottmanns- und Mitteltiefengrün, ganz zu schweigen von Gupfen, Holler und Moos. Jean Pauls Kuhschnappel oder Hukelum sind nur Ableitungen.

Die Friedhofsbesucher, die ich nach dem Grab von Erika Fuchs frage, wissen es nicht so genau. Das ist die mit den Hefterln, das wissen sie schon. Eine Frau sagt: «Mein Mann wüsste es, aber der steht jetzt nicht zur Verfügung.» Er ist, was sie nicht direkt sagen will, gerade gestorben; sie hat sein Grab besucht. «Aber der da vielleicht.»

Der Mann mit der Kappe und der gründlich eingearbeiteten Latzhose ginge ohne weiteres als Totengräber durch. Er hat eine Schubkarre dabei, Spaten, Grabgabel, Rechen, Baumschere, aber er gräbt nicht tief. Seine Pflanzen hebt er aus, «solang das Wetter so warm ist». Rhododendren sind es, die er vor Jahren angepflanzt hat, um den Boden zu festigen und damit niemand in der Erde und in seinem Grab wühlt. Rhododendren sind Flachwurzler, aber die Vliesdecke, die das Absinken der aufliegenden Granitbrocken verhindern soll, macht es schwer, den Spaten in die Erde zu treten und die Stauden aus dem Boden zu holen. Ich frage also den vermeintlichen Totengräber, ob er vielleicht wisse, wo ich das Grab von Erika Fuchs finde. Er weiß es und will es mir gern zeigen, aber nur unter der Bedingung, dass ich ihm anschließend helfe.

Das Grab ist bis auf die Aussparung mit Efeu überwuchert und zeigt nicht mehr als eine schwarze Marmorplatte, darauf zwei Namen und die Lebensdaten. Erika Fuchs ist 2005 gestorben, einundzwanzig Jahre nach ihrem Mann. Der Totengräber kannte sie nicht persönlich, er hat nur einmal mit ihr telefoniert. Natürlich ist er kein Totengräber, sondern Arzt, genauer: Hals, Nasen, Ohren, aber bereits im Ruhestand und, wie sich zeigt, den schönen Dingen zugetan.

Während er mit der Gabel sticht und ich mich nützlich mache, kommt ihm die Situation selber grotesk vor. Darum sein Vorwurf, den er mir bloß halb ironisch macht: «Sie stehen auf meinem Grab!» Während ich vorsichtig ziehe, um die Wurzeln von der Erde zu befreien, schimpft er ein bisschen auf den «Spiegel», rühmt er ein bisschen den «Dr. Kohl» und versucht mit listigen Nebenbemerkungen herauszukriegen, was ich in Schwarzenbach treibe. Da er Arzt ist oder doch war, kann ich ihm schlecht mein besonderes Verhältnis zur FDP gestehen. Ob ich vielleicht Donaldist sei, will er wissen, denn die träfen sich manchmal hier, mutmaßlich bei Nacht und Nebel, um ihrer Meisterin zu huldigen. Mit Jean Paul als

Reisegrund kann er wenig anfangen, und dabei erspare ich ihm noch den Hinweis auf den unerschrockenen Arzt, der es in der Erzählung «Dr. Katzenbergers Badereise» so mit den Missgeburten und formaldehydisierten Köpfen hat.

Wie zwei Grabräuber befördern wir die geretteten Pflanzen mit der Schubkarre vom Friedhof hinunter und über die kleine Saalebrücke zu seinem Haus. Es ist schon äußerlich als Kunstkammer hergerichtet. An die Wand ist eine Genealogie des Hauses «Am Wallgarten» gemalt, die 1852 mit dem Bau durch einen J. N. Korndörfer beginnt, über die Eheschließung seiner Tochter mit einem Herrn Heinrich fortgeführt wird, woraus noch mal eine Tochter hervorgeht, die wiederum heiratet und vermutlich Kinder hat, aber 1986 ist der Doktor durch den Kauf in diese Erblinie eingetreten.

Es muss gute Gründe geben, dass sich einer hier niederlässt. Bei Erika Fuchs' Ehemann war es die Fabrik, die Öfen herstellte. Der Doktor kommt aus Stettin, sein Vater war Jagdflieger, ein sogenanntes Flieger-Ass, der den Flughafen in Würzburg leitete, wo der Sohn dann auch studiert hat. Im kleinen Garten hinter dem Haus sind mehrere Grabsteine aufgestellt, nicht nur die seiner Großeltern, sondern auch die der Hausvorbesitzer, dazu symbolhafte Kunst, alles auf den Millimeter ausgemessen und perspektivengenau auf Wirkung berechnet. Die Thuja ist streng in Form geschnitten, jeder Schotterstein an seinem Platz, in den Schalen erlesene bunte Steine. Die marmorne Weltkugel ist natürlich von Chirico inspiriert, an der Brunnenschale, die jetzt im Winter allerdings kein Wasser enthält, ist tatsächlich die erste Strophe von Conrad Ferdinand Meyers Sonett «Römischer Brunnen» angebracht; weitere Zitate in wetterfestem Messing stammen von Hermann Hesse, Fontane und Laotse. «Diese Tür», er zeigt auf die schmiedeeiserne Zier vor dem Hauseingang, «erkennen Sie das?» Was soll da sein? Er hat das Ornament bei einer Treppe entdeckt und dann von einem Schmied so lang spiegeln und kopieren lassen, bis die richtige Höhe erreicht war, um als Flügeltür seinen Eingang zu verkleiden. An der Vorderseite, wo auch der Saale-Radweg vorbeiführt, stehen für den Flaneur mehrere Kunstwerke aus Schrott, Schwarzblech und Glas, angefertigt von ortsansässigen Handwerkern, aber nach seinen Entwürfen. Eins heißt «Gnadenstuhl», eine Art babylonischer Kraftradfahrer, der aber gleichzeitig, wie der Beschriftung zu entnehmen ist, die Hl. Dreifaltigkeit darstellen soll. Für seine Friedhofspflanzen wird der Doktor dazwischen kaum mehr einen Platz finden.

Er hätte mir gern noch mehr von seiner Kunst erzählt, auch von seinen Aktivitäten in der Gemeinde, die doch ein gewisses Aufsehen gemacht hätten. Am liebsten würde er mich im Auto nach Weißenstadt mitnehmen, wo er gleich einen Termin hat, aber das verträgt sich ja nicht mit meinem Unternehmen. Das ist zwar weit weniger manifest als seine wundersamen Installationen, entwickelt sich aber doch langsam zu einem Kunstwerk eigener, wenn auch recht vergänglicher Art. Als Wegzehrung empfiehlt er noch eine Leberkässemmel in der Metzgerei Fuchs, die nur einen Euro koste. Sie kostet inzwischen 1,10, aber die Verkäuferin bietet an, die Portion dem Preis entsprechend kleiner zu schneiden. Auf dem Kühlschrank ruht ein großer Karton «Quicky» mit etwas drauf, was bis vor ein paar Jahren noch eine «rassige Negerin» war; das ist das hier vielbeworbene «Erotikbier» der Brauerei Lang aus Wunsiedel. Der Verkäuferin ist das Angebot eher peinlich, sie sagt entschuldigend: «Mei, mir verkaufen's halt.» Neben der Tür sind ein paar Sequenzen aus den Micky-Maus-Hefterln festgepinnt, in denen die Metzgerei Fuchs vorkommt. Die Gemeinde hat bereits ein Schul- und ein Traktormuseum und baut jetzt noch eins für Erika Fuchs.

Der Schnee, der dem Doktor zur Jahreszeit gefehlt hat, liegt schon ein paar Kilometer weiter knöcheltief und weiß im Winterwald. Der Weg führt hoch zum Großen Waldstein (877 Meter), und bald gibt es nur noch Wildspuren. Unten in Schwarzenbach ging es eben noch an aufgelassenen Fabrikgebäuden vorbei, Zivilisationssignale wie die Handy-Masten, die geiergleich auf den Ruinen hocken, doch das ist mit einem Mal vorbei. Der Schnee schluckt alles. Selbst die Wegmarkierungen sind meist verdeckt. Das ist endlich die Winterreise, die ich gefürchtet, auf die ich gehofft hatte. Die Wolken treiben schwer über den ausgedünnten Fichtenbestand, das Handy zeigt keinen Empfang mehr, fast möchte einem anthroposophisch zumut werden, glücklich mit der Schöpfung, die sich so anstrengt, für ein paar Stunden wenigstens ihren Urzustand zu simulieren. Kein Auto ist mehr zu hören, kein Flugzeug, kein Mensch, überhaupt kein Laut mehr. *No wind no word.* Fast bekomme ich Ohrensausen davon.

Das Navi drängt mit gewohntem Sadismus zur Überlandstraße zurück, aber im Kampf Mensch gegen Technik obsiegt der Pilger. Er hat jetzt den höchsten Punkt seiner Reise erreicht. Ganz oben auf dem Waldstein hat man 1851 für Max II., den Vater von Ludwig II., eine ausladende Schüssel errichtet, die trotzdem eine Kanzel sein will, von der aus sich weit ins Land schauen lässt. Leider kam der König dann doch nicht, er interessierte sich mehr für die aus dem Norden hergelockten Naturwissenschaftler als für die Natur, aber die Kanzel gibt es immer noch, und sie ist noch immer nicht ganz schwindelfrei zu besteigen. Die Aussicht auf die rauchenden

Kämme des Fichtelgebirges ist so erhaben, dass ich gar nicht mehr wegwill, dabei dämmert es längst. Der Himmel ist zur westlichen Hälfte schon rot angelaufen. Die Gefahr, beim Hinuntersteigen auszurutschen, hält mich länger zurück, als es jetzt sein sollte.

Im letzten Sonnenuntergangslicht stolpere ich dann den Berg hinunter und gerate im genau richtigen Moment an einen der Wegbegleiter auf dem Jean-Paul-Weg: «So stehen alle Berge von der zerschmolzenen Goldstufe, der Sonne, überflossen da – Goldadern schwimmen auf den schwarzen Nacht-Schlacken, unter denen Städte und Täler übergossen liegen – Gebirge schauen mit ihren Gipfeln gen Himmel, legen ihre festen Meilen-Arme um die blühende Erde, und Ströme tropfen von ihnen, seitdem sie sich aufgerichtet aus dem uferlosen Meer, Länder schlafen an Ländern und unbewegliche Wälder an Wäldern, und über der Schlafstätte der ruhenden Riesen spielet ein gaukelnder Nachtschmetterling und ein hüpfendes Licht, und rund um die große Szene zieht sich wie um unser Leben ein hoher Nebel.» Das ist, «Auf dem Fichtelgebirg, im Erntemond 1792» geschrieben, der Schluss seines ersten Romans, «Die unsichtbare Loge», und eine der grünen Tafeln, für die Eberhard Schmidt solche schönen Stellen ausgehoben hat.

Unten ist es gleich nicht mehr der wilde, menschenfeindliche, selbstbewusste Fichtelberg, sondern eine eigenartige Kunstwelt. Die Teerstraße ist überfroren und ohne Stock hochgefährlich. Dennoch tun ältere Männer in Begleitung jüngerer Frauen vor dem Abendessen noch ein paar zaghafte Gesundheitsschritte. Am künstlichen See leuchtet nämlich die Kurklinik Weißenstadt, eine, was denn sonst: Wellnessoase. Hier gibt es alles, was es draußen und unterwegs nicht gibt. Hier muss niemand frieren, niemand muss hungern, und wenn er sich bewegt, tut er es so gemessen, dass er es kaum merkt. Beim Eingang wartet noch der Friseur auf die letzten Kunden. An der Rezeption wird eben eine Großlieferung Bocksbeutel vereinnahmt, ein Mitbringsel für die Lieben daheim, aber gern auch zum Eigenverzehr. Hier wird mit allen Sinnen gekurt, die Seele baumelt aus Leibeskräften, doch sie nehmen auch Laufkundschaft, einen knapp dem Dunkel entronnenen Pilger.

Abends dann kaltes Buffet, das aber opulent. Die Kurgäste hatten heute eine Führung durch die Destille inklusive Verkostung, auch ein Körnerseminar wurde geboten und ein Vortrag zur Ernährungsmethode nach F. X. Mayr. Zum Ausgleich trinken alle Weißbier oder paarweise ein Fläschchen Frankenwein im Kühler und schlampampen bei der Nachspeise, für die es keine Zähne mehr braucht, die aber dafür gleich in mehreren Farben kommt. Morgen gibt es Gelegenheit, unter der bewährten Führung eines anderen Herrn Schmidt an einer Einkaufsfahrt nach Eger und Franzensbad teilzunehmen (p.P. 16 €, Reisepässe nicht vergessen!). Wer mag und an seine Gesundheit denkt, kann sich rabattiert eine Wochenration Mineralwasser aufs Zimmer bestellen.

Nach dem Abendessen ist Tanz in der Halle. Marcus, der seine Anlage mitgebracht hat, legt auf, singt aber auch, dazu orgelt er bekannte Weisen. Es ist nicht leicht, sich der freundlichen Aufforderung zum Tanz durch frisch ondulierte Greisinnen zu entziehen, aber der Verweis auf die gefährlich aussehenden Schuhe überzeugt dann doch. Lange schallt's noch durch die Halle, dass die Jugendzeit zwar schön sei, aber leider nicht mehr wiederkomme. In der Kuppel des kreißsaalhell erleuchteten Pools bricht sich ein Cha-Cha-Cha. Niemand sonst schwimmt so spät. Draußen herrscht die fürchterliche Nacht, und die Waldgeister drücken sich die vierschrötige Nase platt an der Aquariumsscheibe.

22

Während die Gäste der Kurklinik zur Strafe für die gestrigen Exzesse am Kuchenbuffet noch am trockenen Brot herumkauen und sich darüber unterhalten, was es in Eger wohl zu kaufen gebe, laufe ich schon weiter, statt der hier vertrauten Gehhilfen die Stöcke zunächst noch unter den Arm geklemmt und damit hinaus in die Kälte. Die Schilfreste stehen eisumfangen im Wasser, dazwischen torkeln verunsicherte Enten, eine vermummte Frau radelt in den Ort, der Waldstein steht in Wolken. Die Sonne geht auf wie noch jeden Tag, manchmal ist es trüb, manchmal blaut der Himmel schon glaskalt. Am Ufer des Weißenstädter Sees stehen Nagelfluh-, Granit-, Gneis-, Quarz- und Wasweißichfürsäulen und tragen allerlei sparsame Permutationen. Da sie von Eugen Gomringer stammen, dem Erfinder der «Konkreten Poesie», muss es Poesie sein: «Deine Gabe / mein Baum. // Deine Gabe / mein Blühen. // Deine Gabe / mein Haus.» Der große Gomringer, er sagt es selber auf seiner Website, war sechs Jahre «Propagandachef der Schweizer Schmirgel- und Schleifindustrie».

Goethe, am Anfang der «Italienischen Reise», bemerkt unweigerlich, dass sich hier eine Wasserscheide befindet, ein Teil der Bäche und Flüsse also nach Norden abfließe, ein anderer nach Süden, der Donau zu, und lobt dann die «treffliche Chaussee von Granitsand», über die ihn der Reisewagen damals, im nassen September 1786, nach Regensburg trug, von Karlsbad «vierundzwanzig und eine halbe Meile», hundertfünfundsiebzig schlanke Kilometer, und die «in einunddreißig Stunden», wie er, ob der «unglaublichen Schnelle» begeistert, sogleich für die Zurückgebliebenen nachrechnet. Am Waldstein entspringt die Eger und fließt nach Osten, nach Böhmen, die Saale entspringt hier ebenfalls, fließt aber nach Norden. Und mit der Naab, die nicht mehr weit ist, geht's dann endlich nach Süden.

Jean Paul, der große Trinker, der den großen Trinker Goethe beobachten konnte und notierte, «er frisset entsetzlich», ist auch hier daheim; Oberfranken ist sein Wald- und Wiesen-Terrain. In Wunsiedel erscheint er ein letztes Mal: als Schule, in der er geboren wurde, als wenig eindrucksvolles Denkmal, als verkümmernde Rose. Wunsiedel war lange Wallfahrtsziel, aber nicht für uns Jean-Paul-Jünger, sondern für Leute, die meinten, sie müssten dem Englandflieger Rudolf Heß, der hier begraben lag, die hinterletzte Ehre erweisen. Ins Café Luitpold zum Aufwärmen, als mitten in der Cafésitzerrunde ohne Vorwarnung eine Frau die Stimme erhebt und sich als Stadtratskandidatin vorstellt. Es handelt sich um eine Veranstaltung für die bevorstehenden Kommunalwahlen. Wahrscheinlich muss die Frau jetzt öfter erklären, dass sie als Mutter eines schulpflichtigen Kindes wie als Tochter einer Mutter, «die mit dem Rollstuhl nicht mehr überall hinkommt», sehr wohl um die Sorgen der Wähler weiß. Ob sie die sei, die den Ökoladen geführt hätte, wird sie gefragt. Ja, das sei sie gewesen, sie habe sich aber dann freigenommen, als das Kind gekommen sei. Nach dieser überraschenden Probe auf ihre Glaubwürdigkeit, die immerhin erbracht hat, dass sie eine von hier ist, kommt sie noch mal auf die Wahl zu sprechen. Sie fordert mehr

Kindergarten- und Betreuungsplätze, verlangt, dass die entsprechenden Mittel bereitgestellt werden, «dafür werde ich mich einsetzen». Die zwölf Zuhörer sollen merken, dass sie über die dafür nötige soziale Kompetenz verfügt, aber dann will jemand wieder bloß seine Empörung loswerden, weil die Schachstunde nicht mehr gefördert wird.

Über den Katharinenberg hinauf. Der Weg, ist es der richtige? Zehn, zwanzig Höhenmeter Unterschied, Nordseite, und schon liegt da wieder ein Hauch Schnee. Rechts dampfen Hirsche vor sich hin, vielleicht hören sie schon den Lockruf der Wildnis oder der Brunft oder beides, jedenfalls knallt es links auf der anderen Straßenseite hinter der Abzäunung, weil dort Schützen das Schießen üben, vermutlich dafür, die hier grasenden Hirsche waidgerecht fürs Abendessen erlegen zu können. Vierzig Kilometer wären es von hier bis zur tschechischen Grenze, nach Neualbenreuth und zum Tillenberg, eine von ungefähr zwölf Stellen, die halb- bis dreiviertelamtlich als Mittelpunkt Europas gelten. Aber der Weg soll ja nach Süden gehen, am Ochsenkopf vorbei und am Schneeberg, ins barock-katholische Altbayern hinein.

Das folgende Alexandersbad gehörte noch vor zweihundert Jahren zu Preußen; vor fünfunddreißig Jahren haben die bayerischen Beamten als unverbesserliche Barockdichter dem Ort den Rang eines Heilbads verliehen, sodass er jetzt mit vollständigem Namen Bad Alexandersbad heißt. Auch hier begab sich einst ein Wunder, als nämlich ein armer Mann von seinen Gebresten sich unversehens geheilt fand, nachdem er sich im Wasser einer dort sprudelnden Quelle gereinigt hatte. Die Heilkraft der Natur sprach sich just herum, als ihr allmählich schwerindustriell zugesetzt wurde. Um die Jahrhundertwende von 1800 ging es in Alexandersbad sogar ziemlich mondän zu,

logierte die von den Preußen fast marienhaft verehrte Königin Luise zusammen mit ihrem Mann längere Zeit hier; später
kamen die Kriegsversehrten. Das war's dann auch schon mit
dem Weltgeist. Jetzt wird renoviert und poliert in Hoffnung
auf wieder bessere Zeiten; eine stark brustbetonte Luise steht
schon auf granitenem Sockel und glotzt sphinxhaft vor sich
hin. Weiter im Wald wird der Gegenwart der lieben Luise «in
diesen Thälern» eher phallisch mit hochaufragenden Denk-
mälern gedacht. Aber gut, so ist das mit den großen Zeiten,
die doch nicht wiederkehren mögen.

Es ist nie richtig hell geworden an diesem trüben Tag –
wozu haben wir schließlich Winter! –, da kommt ein Fremder
gerade recht. Der Landkartenleser macht sich interessant,
er ist sichtlich ein Bedürftiger, dem leicht zu helfen ist. Die
Frage, ob es heute noch nach Nagel zu schaffen sei, ein gewiss
noch viel gesünderer Kurort weit ins Fichtelgebirge hinein,
ist Anlass für umfassende Ausführungen. Die Frau, von der
sie kommen, ist klein und rund, und sie trägt bestimmt den
rötesten Mantel von ganz Nordbayern und Böhmen dazu.
Nagel kennt sie natürlich, denn sie kommt ja aus Nagel, ihre
Geschwister leben noch dort, und sie kann genau sagen, wo
man übernachten kann heut Nacht, wo es noch zu essen gibt
und wo es vielleicht doch noch etwas besser schmeckt. Nagel,
auch das weiß sie, liegt genau auf der Grenze zwischen Bayern
und Bayreuth, die den Ort bis vor zweihundert Jahren, in der
guten Alexandersbadener- und Luisen-Zeit, geteilt hat.

Die Frau ist von hier, aber sie kennt die Welt. 1968, das
muss sie jetzt noch schnell erzählen, obwohl es für die
Strecke vor mir langsam zu dunkel wird, da war sie nicht in
München, sondern in Schwabing, als die Röcke sooo kurz
waren. (Sie zeigt es.) «Da war ja gar nichts mehr», sagt sie,

«und das Rauschgift überall, das Haschisch.» Die Drogenhölle von Schwabing, das kann man sich bei dem netten Pummel gar nicht vorstellen. «Wenn ich nicht mein Kind gekriegt hätte, ich wäre kaputtgegangen.» Mit einem Stipendium ist sie damals fort von Nagel in die Großstadt, sie tanzte mit im Ensemble, als im Theater an der Brienner Straße das Musical «Hair» aufgeführt wurde, aber sie war heilfroh, dass sie da rauskam, ihren Mann fand – «Na, keiner aus Schwabing, der iss schon fon do!» – und das Kind bekam. Geblieben von diesem kurzen Ausflug in die Boheme mit Rauschgift und Minirock ist nur der rote Mantel.

Seit die Grenze nach Franken überschritten ist, sind die Leute mitteilsamer, vielleicht weil sie weniger misstrauisch sind. Es sind auch mehr. Während sich die ehemalige Ostzone immer noch Richtung Westen entvölkert, scheinen im Westen schon die Orte näher beieinanderzuliegen. Vielleicht hilft das. Wenn ich weiterginge, sagt die ehemalige Tanzmaus, könne ich den Stanley grüßen, ihren Patensohn, der liege da auf dem Friedhof. Sie braucht keine Geste des Beileids, um zu erzählen, dass es jetzt ein Jahr her ist. Bei der Polizei sei er gewesen, der Stanley, und deshalb hätten sie ihn obduziert, weil ja hätte sein können, dass ihn jemand vergiftet hätte. Dabei sei festgestellt worden, dass er an einem Herzinfarkt gestorben sei. Motorrad sei der Stanley gefahren, Triathlon habe er gemacht, als Nächstes hätte es der Flugschein sein sollen und bis zum Dreißigsten hätte er «alles unter Dach und Fach bringen» und seine Freundin heiraten wollen. Niemand habe etwas von dem Herzinfarkt geahnt. Statt der Hochzeit: tot. An seinem Geburtstag sei er schon neun Monate tot gewesen. Nun liege er auf dem Friedhof. «Aber was kannst machen?», sagt sie und verabschiedet sich mit dem roten Mantel.

Jetzt im Winter ist die Luisenburg samt Felslabyrinth und Festspielzeit völlig allein gelassen, kein einziger versprengter Wanderer ist zu sehen. Im Wald liegt wieder ein wenig Schnee, der die einfallende Dunkelheit etwas aufhellt. Es pressiert, will ich nicht wieder im Finstern über Wurzeln und Äste stolpern. Reichenbach, Mühlbühl kommt zum Vorschein und wenigstens eine der versprochenen Wirtschaften.

Und wie das Pech es will, nimmt die Wirtin keine Gäste über Nacht. Weil das aber Nagel ist und nicht Schwabing, ruft sie bei ihrer Schwägerin an, die leider auch keine Möglichkeit sieht. Ihre Kellnerinnen wuseln umher, weil gleich eine Familienfeier ausgerichtet wird, sie telefoniert weiter. Ihr Ehrgeiz lässt nicht zu, dass sie so schnell aufgibt. Keine Panik, die rote Schutzmantelmadonna steht mir bei. Ich solle mich erst an den Stammtisch setzen und was Gescheites essen. Der Vorschlag ist hochwillkommen, denn vom Laufen bin ich durchgeschwitzt und ausgekühlt gleichzeitig. Dutzendfach, manchmal zweimal am Tag, habe ich den nahrhaften Schweinebraten mit sehr wechselhaften Knödeln gegessen. Die Wallfahrt verbessert sich in Bayern allmählich zur *Tour de porc*, zum Schweinebratenweg. Das Fleisch unterwegs war manchmal so verflachst, dass sich jeder überfahrene Kater schämen würde, so auf dem Teller liegen zu kommen, doch hat die Qualität des Essens jenseits der Zonengrenze schlagartig zugenommen.

Am Stammtisch sitzt ein einsamer Stammtischbruder, der beim Fremden sofort Erkundigungen einzieht. Er trinkt dabei zwei Bier direkt aus der Flasche. Wo ich herkomme, will er wissen und kann es kaum glauben – aus Hamburg, wirklich? «Bis hierher aus Hamburg?» Was unweigerlich zu Fragen nach der anderen absturzbedrohten Formation, nach dem HSV, führt. Er selber, keine Überraschung, ist Clubberer, also im Verein vom 1. FC Nürnberg und hasst als solcher nichts auf der Welt mehr als den FC Bayern. Selbst Thomas Müller, Nationalspieler immerhin, wenn auch derzeit nicht in bester Form, wird von ihm als «Kaschperl» in Grund und Boden geschmäht. Selbstverständlich seien die Bayern eine «Millionärsmannschaft» und schon deshalb zu verachten, aber der Schlimmste von allen sei Uli Hoeneß. «Der Hoeneß ist ein Verbrecher», sagt der Nürnberger mit einem furchterregenden Nachdruck und natürlich in einem fast unverständlichen Nürnberger-Land-Fränkisch, «ein Verbrecher». Der gehöre ins Gefängnis, aber den ließen sie bestimmt wieder laufen, kenne man doch.

Das war vor dem großen Hoeneß-Prozess in München, bei dem der Präsident des Millionärsvereins Bayern München zu drei Jahren und sechs Monaten ohne Bewährung verurteilt wurde. «Werst sengg, den lossns laffa, ne!» Der Stammtischhocker konnte ja nicht ahnen, vor allem mochte er's nicht glauben, dass Hoeneß tatsächlich verurteilt werden würde. Als Nürnberger und Gerechtigkeitsfanatiker ist er entschlossen, die überfällige Rache an dem Verbrecher zu üben. Wenn der FC Bayern das nächste Mal in Nürnberg spiele, sagt er, droht er, schwört er, dann sei er dabei. Er habe eine Dauerkarte, und er würde hingehen zum Hoeneß und ihn mit dem Hammer erschlagen, «das hat der nämlich verdient». Der Einwand, es gebe noch Richter in Deutschland, verfängt so wenig wie der – allerdings ungeschickte – Hinweis, dass der Verbrecher Hoeneß Wurstfabrikant, und zwar der Nürnberger Rostbratwürstchen, sei, die es beispielsweise in der Bundesbahn und bei Aldi gebe. «Der Hoeneß ist ein Verbrecher, und ich derschlag den», lodert der Zorn aus ihm. Das mit Hamburg glaube er mir nie und nimmer, aber ich könne es nachher in der Zeitung lesen: «Wenn da steht, Hoeneß in Nürnberg mit dem Hammer angegriffen worden, dann bin ich das gewesen.»

Für die dritte Flasche Bier hat er sich eine Tüte geben lassen und geht jetzt doch heim. Die Wirtin entschuldigt sich für den Gast. In der Zwischenzeit hat sie ein Zimmer aufgetrieben. Es befindet sich im ausgebauten Keller eines noch recht neuen Einfamilienhauses, errichtet, wie mir die Hausfrau am anderen Morgen beim Frühstück erzählt, mit ihrem Anteil aus einer Wirtschaft, die in den fünf Jahren nach der Wende vom Busreisegeschäft aus der zusammengebrochenen DDR gelebt habe. Nagel habe einen See, sei Kräuterdorf und Naherholungsgebiet, aber Wandern, das sei eine Freizeitbeschäftigung für Städter, die dafür eigens aufs Land führen, und für die auch völlig in Ordnung. Bei ihnen heraußen sehe das doch ganz anders aus, nämlich dass es ohne Auto gar nicht gehe. Die Vermieterin sehnt den Tag herbei, an dem ihre Zwillinge siebzehn seien und endlich den Führerschein hätten, damit sie die Kinder nicht mehr durch die Gegend kutschieren müsse.

23

Im Nachbarort Brand ist der Komponist Max Reger geboren, der sich aber, da ohne Auto, sehr schnell davonmachte und anderswo berühmt wurde. Von einer Hauswand röhrt ein besonders großer Hirsch, doch was ist das schon gegen den Hund, der mich in Frankenreuth anfällt. Hunde haben sie hier alle, und Hunde müssen Haus und Hof verteidigen gegen Fremde. Je abgelegener die Häuser, die Gehöfte, desto wichtiger der Hund. Ihre Aufgabe ist leichter geworden in den letzten Jahrzehnten, denn auf dem Land geht niemand mehr zu Fuß. Der Bauer fährt mit dem Traktor auf den Acker, seine Frau bringt die Kinder mit dem Auto zur Schule, fährt mit dem Auto zum Einkaufen, zum Friseur und zum Arzt. Wer auf dem Land zu Fuß unterwegs ist, muss ein Landfremder, ein Städter sein und zeichnet sich durch bunte Funktionskleidung und dadurch aus, dass er die übriggebliebene Natur nur in Gesellschaft anderer Funktionskleidungsträger genießen kann. Wenn ein solcher lustiger, zum Naturgenuss mit aller Macht entschlossener Haufen durchs Dorf kommt, weiß auch der debilste Hund, dass er die Klappe zu halten hat.

Anders verhält es sich natürlich mit einem einzelnen Funktionskleidungsträger. Normalerweise versehen die Hofhunde ihre Verteidigungsaufgabe auf eigenem Terrain, das sie mit streberhaftem Gebell verteidigen, damit der Herr auch merkt, was er an seinem Köter hat. Der hier nimmt seine Aufgabe doch ernster, springt aus der Hofeinfahrt auf mich zu, zögert noch einen Moment, überlegt wahrscheinlich, ob es sich lohnt, in diese ewig scharrende Plastikhose zu beißen, ich bin vor Schreck erstarrt wie noch bei jedem Hund, dabei hin- und hergerissen zwischen der Frage, wie viel Schmerzensgeld hier nach einem Hundebiss zu extrahieren wäre, und der naheliegenderen, ob das Tier nicht vielleicht Tollwut hat. Das Zögern des Hundes, seine plötzlich erwachte Feigheit vor dem Feind, hat mich dann doch gerettet. Auf einmal unterbricht sich diese belfernde, schnaubende Bestie selber, ihre durch das Gebell hervorgerufene Taubheit legt sich, das Vieh hört wieder, hört, wie zwei aufgeregte Frauen rufen und herbeistürmen, um ihn zu seiner maßlosen Enttäuschung nicht für seinen Diensteifer zu loben, mit dem er einen möglichen Einbrecher gestellt hat, sondern um sich für den Hund zu entschuldigen und ihn auszuschimpfen. Ich habe bestimmt noch fünf Kilometer geschlottert vor Angst.

Erstaunlich, aber die Beine machen mit, sie wollen weiterweiterweitergehen. Der Weg an der Saale mit dem großen Taugenichts Jean Paul als Vorläufer hat sicherlich geholfen. Zwei Drittel der Strecke müssen es doch mittlerweile sein, aber Bayern ist groß und dehnt sich gewaltig. Nach Oberfranken kommt die Oberpfalz. Das Land ist nun nicht mehr atheistisch, auch nicht mehr protestantisch, sondern katholisch. Am Wegrand erscheinen plötzlich Kreuze und Mariensteine, auf den Mülltonnen das sezessionistische Wappen des Freistaats Bayern.

Grafenwöhr ist einer dieser exotischen Orte, die früher immer aus dem Radio kamen: «Graffnwroer». Der Soldatensender AFN brachte nicht nur amerikanische Musik, sondern informierte auch darüber, wann wieder Square Dance stattfand oder wo sich die Damen der Herren Offiziere zum geselligen Beisammensein treffen wollten. Grafenwöhr war zwar in Deutschland, aber eine amerikanische Exklave, in der fremde Gesetze galten und wo bestimmt etliche der von Franz Josef Strauß so gierig beäugten Atomsprengköpfe lagerten, die im Nato-Ernstfall zum Einsatz gekommen wären.

Grafenwöhr war schon Truppenübungsplatz, als Bayern noch ein Königreich war, für die Wehrmacht wurde er erweitert, seit Kriegsende sind ständig dreitausendfünfhundert amerikanische Soldaten hier stationiert, ausländisches Sperrgebiet. In den vergangenen Jahrzehnten haben sich mehrere verblühte Dorfschönheiten gemeldet, die alle mit Elvis gebusselt haben wollen. Tatsächlich kam der Soldat Elvis Presley 1958 zum Herbstmanöver aus dem Hessischen herüber, doch dürfte er neben seinem strengen Dienst wenig Zeit fürs Poussieren gefunden haben; er war als Feindbeobachter eingesetzt und musste mit dem Fernglas die tschechische Grenze nach feindlichen Truppenbewegungen absuchen. Wahrscheinlich hat ihn aber Grafenwöhr und das Ringen mit dem Umlaut zu «Wooden Heart» inspiriert, denn mit einem Mal dämpft er seinen *southern drawl* und singt ganz, ganz innig das deutsche Volkslied: «Muss-i-dän, muss-i-dän, ßuhm stedele hinaus …»

Die Einheimischen verfügen dank der jahrzehntelangen Anwesenheit amerikanischer Soldaten über ein brauchbares Basisenglisch; jede Bäckerei und jede Reinigung hält ihr Angebot zweisprachig feil. Nur die Plakate für die bayerischen Kommunalwahlen sind für Fremde unverständlich, vor allem verraten sie nicht, warum man die lustigen Herrschaften mit den rosigen Gesichtern auch noch wählen soll. An der Auffahrt zum amerikanischen Kasernengelände steht ein eher behelfsmäßiges Denkmal zur deutsch-amerikanischen Freundschaft: ein Ziegelstein, bemalt mit den Bundesfarben, und ein Fähnchen mit dem Sternenbanner; auf einem über-moosten Stein wird John F. Kennedys gedacht.

Ausland ist es trotzdem, Fernsehland, oder jedenfalls Fernseh-Boston. Denn der Schriftzug über der Soldatenbar ist dem in der Serie «Cheers» nachgebildet. Drinnen sieht es dafür aus wie in der Bar in «Star Wars», ein Saloon im Welt-raum. Deshalb gibt es diverse Sättel zu besetzen und die Sorte Lattengitter zu umrunden, durch die im Fernseh-Western die Cowboys brechen und neben (nie auf) dem Pokertisch landen. An der Theke stehen drei riesige Cowboyhüte, tippen in ihr Handy und schauen bei Facebook nach, ob ihnen jemand geschrieben hat. Aus den Boxen kommt Countrymusik, Willie Nelson und Johnny Cash, manchmal auch Elvis. Beim Refrain von «A Boy Named Sue» grölen alle mit, dann bestellen sie bei Samantha noch einen Schnaps.

«Der ist gut», sagt Eric, «und außerdem billiger als in Italien.» Eric ist nur zu Besuch hier; er begleitet zwei seiner Leute aus Vicenza nach Grafenwöhr. Eric ist fünfunddreißig und hat sein halbes Leben als Polizist bei der Army verbracht. Er ist kräftig, etwas gedrungen und trägt eine kriegsfilmbekannte Camouflagemütze. In Korea war er stationiert, in Texas, Oklahoma, Virginia, jetzt ist er in Italien. Er gibt mir einen Dollarschein, ich soll was draufschreiben und den Schein mit Reißnägeln an dem polierten Stamm an der Theke befestigen, eine Art Glücksbringer, Erinnerungsstück und Trevi-Brunnen-Ritual. Es lebe also die deutsch-amerikanische Freundschaft, die wir, das gehört sich so unter Waffenbrüdern, sogleich mit einem bayerischen Weißbier noch höher leben lassen. Eric fragt und hört sich ehrfürchtig die Geschichte meiner Wanderung an. Von der deutschen Geographie hat er keine rechte Vorstellung, mit der FDP brauche ich ihm auch nicht zu kommen, aber das Gelübde beeindruckt ihn schon so, dass ihm einfällt, er habe selber einst ein Gelübde abgelegt, es nur leider nie eingelöst.

Zum Ausgleich und natürlich um meine zu überbieten, erzählt er seine Geschichte. Im Moment sei er zum vierten Mal verheiratet; für fünfunddreißig nicht schlecht, Hemingway ehelichte seine vierte Frau mit vierundvierzig. Von der ersten wollte sich Eric gerade scheiden lassen, als sie bei einem Verkehrsunfall starb. Die gemeinsame Tochter überlebte und ist bei ihm, bei ihm und der vierten Frau. Den Sohn aus der zweiten Ehe sieht er kaum; die dritte dauerte nur wenige Monate, noch ein Missgriff. Die vierte, die jetzige, ist für die Ewigkeit, klar. Fabby hat sich irgendwann bei ihm auf

Facebook gemeldet, um sich dafür zu entschuldigen, dass sie ihm beim Ball auf der Highschool einen Korb gegeben hat. Schon die Ehe davor, das vorangegangene Missverständnis, hatte sich übers Internet angebahnt. Wahrscheinlich sind die drei Cowboyhüte deshalb so eifrig mit ihrem Handy – sie suchen die nächste Frau fürs Leben.

Wir müssen auf seine Frau und die anderen davor trinken und dann noch einen Shot auf die Hell's Angels, denen er sich verbunden fühlt, obwohl er seit seinem eigenen lebensgefährlichen Unfall nicht mehr auf einem Bike saß. Vier Frauen, ja, das sei etwas übertrieben, aber jetzt, und zur Sicherheit wiederholt er es, jetzt hat er die Richtige, die Frau fürs Leben gefunden. Sie haben letztes Jahr nach sieben Wochen erneuerter Bekanntschaft in Florenz geheiratet und sich – er entschuldigt sich ein bisschen dafür – ein Eisernes Kreuz auf den rechten Arm tätowieren lassen, den Namen des anderen jeweils eingeschrieben. Wir müssen auch darauf noch einen Schnaps trinken, er beglückwünscht mich noch mal zu meiner Wallfahrt, dann muss er zurück in die Kaserne und morgen wieder nach Italien.

24

Ja, Italien! Aber Italien ist weit. Am Morgen ist es wieder glatt, und vom Raureif sind die Wiesen grau. Mirakulöserweise geht es mit einem Mal – das schöne Bayern! – auch ohne Landstraße weiter, einen Fluss entlang, die Haidenaab, von der sich zunächst nur eine weite, kaum berührte Aue zeigt. Die Gegend ist hier südlich des Fichtelgebirges so flach, dass der Fluss besinnungslos mäandert und die Wiesen drum herum sich jeder Nutzung verweigern. Deshalb werden sie oft genug Opfer der Landschaftsgestaltung durch die Maulwürfe. Sie liefern den erdigen Kontrast zum bleichen Gras, und niemand wehrt es ihnen. Warum auch, sie kultivieren den Boden nach alter Weise. Vom erfrorenen Gras steigt der Nebel auf, zieht wie in Rauchfahnen ab, gleich gefolgt von einer weiteren Nebelschicht. Jeder Aufnahmeleiter für einen mystischen Steinzeit- oder Fantasy-Film würde sofort sein von einem keltischen Druiden geweihtes goldenes Pentagramm dafür geben, wenn er einen solchen gebrauchsfertigen Nebel vor die Kamera bekäme. Für Minuten existiert von der Welt nichts mehr als der Nebel über dieser einsamen Heide. Die Hunde werden nicht so weit ausgeführt, für die Langstreckenradfahrer ist es noch zu kalt, die Autos fahren anderswo. Niemand ist unterwegs, niemand außer einem Hirschrudel, das da vorn, von Nebelfetzen umloht, vor sich hin grast.

Obwohl, doch, mit dem avalonesken Nebel steigt Dankbarkeit auf, Dankbarkeit dafür, dass es solche weltverlassenen Landstriche noch gibt, umzingelt von Autobahnen und Schnellstraßen und der üblichen Geschäftigkeit, neben der dieses zwar zielgerichtete, aber vollkommen unnötige Gehen der reine luxuriöse Müßiggang ist. Der Dichter der kleinen Apokalypse, Herbert Achternbusch, hat dafür den Wahlspruch geliefert: «Wer überlebt hat, geht querfeldein.» Vermutlich ist Achternbusch selber nie querfeldein gegangen, da sich diesem Drang sehr bald Hindernisse in den Weg stellen, aber recht hat er damit, dass Gehen eine Flucht ist und der Beweis, dass man gerettet ist: Wer geht, dem geht's gut. Er muss sich zum Beispiel keine Gedanken darüber machen, inwieweit das Gehen seine Seele, seine Persönlichkeit oder sein schlichtes Selbst verschönert und vergeistigt.

Im Mittelalter wurde am Rand des Fichtelgebirges der größte Teil des nicht nur für den Kriegsbedarf unerlässlichen Eisenerzes gewonnen. Wahrscheinlich rauchte es in der Oberpfalz nicht anders als Jahrhunderte später im Ruhrgebiet. Statt der Kohle, die sich hier nicht fand, wurden gnadenlos die Wälder verheizt. In der Oberpfalz war der nachmals so bekannte deutsche Wald bereits zu Anfang des 16. Jahrhunderts weitgehend vernichtet; im übrigen Deutschland ging die Entwaldung etwas langsamer, aber genauso konsequent voran. Der Wald kam erst wieder, als die Romantiker anfingen, ihn zu besingen, nach den napoleonischen Kriegen. Die Männerchorzeilen «Wer hat dich, du schöner Wald, / aufgebaut so hoch da droben» aus Eichendorffs Lied gelten eigentlich Fürsten wie dem ersten bayerischen Ludwig, selber ein unheilbarer Romantiker, der das Sentimentale mit dem Nützlichen zu verbinden wusste und für die Wiederaufforstung des Waldes sorgte. Der deutsche Wald ist kein Wald, sondern reine Kunst.

Die oberpfälzischen Dörfer sind nicht mehr so bettelarm, wie sie es nach dem Ende der ersten industriellen Konjunktur wurden und noch vor fünfzig Jahren waren. Der Kanalbau im Altmühltal, vom nämlichen König Ludwig begonnen und energisch vorangetrieben von seinem Nachfolger Franz Josef Strauß, hat nichts für die Schifffahrt, aber Arbeit und Straßen für die sonst von der Geschichte vergessene Oberpfalz gebracht. Aus der Wiederaufarbeitungsanlage Wackersdorf wurde zwar am Ende auch nichts, aber die Jahreswagen von BMW und Audi erlauben es, schnell zur Industriezone nach Ingolstadt oder Regensburg zur Arbeit zu pendeln und trotzdem kostengünstig und mittlerweile recht proper zu Hause wohnen zu bleiben.

In Mantel ist Mittag und alles geschlossen bis auf den

Bäcker. Die Bäckersfrau spricht mit ihrem Kind und einer Kundin, dann bringt sie einen Kaffee und lässt sich für die niedrigen Preise loben. Aber sie verstehe nicht, wie man mit etwas anderem als mit Natursauerteig backen könne, das Brot habe doch dann überhaupt keinen Geschmack mehr, da könne man ja gleich Weltraumnahrung aus der Tube zu sich nehmen. Mitte dreißig ist sie und schön mollig und blond und strahlt in einer ganz unbegreiflichen Zufriedenheit. Sie hat den Bäcker von der Schule weg geheiratet, ohne die geringste Ahnung vom Geschäft, aber er hat ihr alles beigebracht. Nachts steht er um halb drei in der Backstube, geht dann, wenn die Kinder zur Schule müssen, ins Bett, und sie übernimmt den Laden. Mittags kommen die Schulkinder, die Arbeiter, ein paar Durchreisende, dann steht auch ihr Mann langsam wieder auf. Einmal in der Woche machen sie nachmittags zu, und wenn das Wetter schön ist, setzen sie sich aufs Motorrad und fahren ein wenig in der Gegend herum, einfach so. Vorigen Sommer haben sie sich ein kleines Boot geliehen und sind die Naab abwärtsgeschippert, einfach treiben lassen, nichts weiter. Manchmal mussten sie an den alten Schleusen aus- und hinterher wieder einsetzen, aber sonst war nichts Anstrengendes dabei. Das waren ihre Ferien.

Aus dem Naabtal kam einst das gleichnamige Duo, eine schwer erträgliche Volksmusikcombo, die einem selbst aus der Ferne das unbekannte Tal der Naab verderben konnte. Dass man es hier aushalten kann, ohne sofort auf und davon zu fahren, zeigt sich erst beim eigenen Augenschein. Das hat damit zu tun, dass die Oberpfalz eine postindustrielle Landschaft ist, renaturiert und trotz aller Fremdenverkehrsangebote noch nicht wieder ruiniert. Der eine oder andere Oberforstmeister hat sicherlich mitgeholfen, meinetwegen auch die Schutzvorschriften nach § 14 (1) BWaldG («Das Betreten des Waldes zum Zwecke der Erholung ist gestattet. Das Radfahren, das Fahren mit Krankenfahrstühlen und das Reiten im Walde ist nur auf Straßen und Wegen gestattet»), jedenfalls ist es hier nicht gelungen, den Wald zum Naherholungsgebiet mit Trimm-dich-Pfaden und vermüllten Parkplätzen herunterzuregulieren. Gelegentlich ist der Wald trotz des regelmäßigen Einschlags noch richtig unwirtschaftlich, und er hält sich auch nicht immer an die Vorschriften. Obwohl es Winter ist und nachts richtig friert, ist der Oberpfälzer Wald nicht vollständig entlaubt. Die Blätter zittern im Wind, aber sie geben nicht auf. Im Sonnenuntergangslicht kann ein Buchenstrauch, der einfach nicht von seinen Blättern lassen wollte, für Sekunden aufleuchten wie der brennende Dornbusch. Überm flachen Tal ein Wolkenstau, in dem sich ein schaumiger Man-Ray-Mund in Gänseblümchenfarben verschwendet. Ein Idyll also? Nichts anderes. «Bei uns in Mantel», sagt die Bäckersfrau, und es gibt keinen Grund, an ihrer tief gefühlten Erkenntnis zu zweifeln, «ist die Welt noch in Ordnung.» Sie war der glücklichste Mensch, der mir auf der ganzen Reise begegnet ist.

Die Naab fließt, wie alles hier, nach Süden, der Donau zu, und von der Donau aus ist es nicht mehr weit nach Altötting. Das neue Industriegebiet oberhalb der Donau kündigt sich an: Schon folgen die Dörfer dichter aufeinander, schon läuft die Autobahn parallel zur Naab. Schwandorf käme auf der *direttissima* als Nächstes, wieder eine halbe Großstadt und entsprechend scheußlich. Aber ich bin entwöhnt, und außerdem geht es mir zu schnell: Deutschland von Norden nach Süden durchmarschiert, das ist einfach zu einfach.

25

In Wernberg-Köblitz beratschlage ich am Morgen eingehend mit mir vor der Tafel, die die Wanderalternativen zeigt: Wie weiter? Die Angaben sind nicht alle lesbar, der Plastiküberzug auf der groben Karte ist leicht beschlagen, beim Betasten fällt kristallines Material herab: Schnee? Eis? Vorne die Möglichkeit, recht schnell nach Schwandorf und Regensburg zu gelangen, weiter hinten im Wald: ist der Weg erheblich länger, in jedem Fall aber ruhiger. Ich schätze grob die Entfernung, ungefähr vierzig Kilometer bis zur nächsten Unterkunft, prüfe vorsorglich die Fußgelenke – und los. Die eigentliche Attraktivität besteht in der Angabe, die Strecke sei teilweise nur für Fußgänger erschlossen. Besser kann es gar nicht sein.

Die Temperatur scheint auf der Stelle zu fallen. Im Wald hinter Schloss Wernberg ist plötzlich alles bereift, der Boden gefroren, sogar die gestern Abend noch schnell gewaschene und über Nacht auf der Heizung getrocknete Wäsche wird im Rucksack von dem Eishauch steif. Es ist nur ein schmaler Waldpfad, unten blinkt der Schilternbach, auf der Wiese die obligatorischen Rehe, und im langsamen Voranschreiten gehst du der übrigen Menschheit komplett verloren. Untrüglices Zeichen dafür: Es gibt keinen Handy-Empfang mehr. Nach zehn Kilometern ist der Goldsteig erreicht, ein mir bis zum Morgen völlig unbekannter Wanderweg, der sich durch ganz Nordbayern zieht. Auf ihm geht es hinab ins Tal der Pfreimd (ein Wort angeblich obersorbischen Ursprungs mit der Bedeutung «Nebenbach mit trübem Wasser», wie ich später nachlese), in dem sogar der landkriegsgestählte Mountainbiker verratzt wäre. Wahrscheinlich würden ihn Steine und Wurzeln trotzdem nicht davon abhalten, über alles drüberzubügeln, doch ist der Weg so urstrombelassen, wie das an einem mitteleuropäischen Fluss überhaupt möglich ist. Kein Fahrzeug, keine Motorsäge, die Vögel schweigen, weil sie noch nicht zurück sind, kein anderer Laut als das Gribbeln und Murmeln und Strudeln des gar nicht trüben Nebenbaches. *No wind no word.* Ein Weltstillstand, strukturiert allein durch das bedächtige Fließen. Diese vorübergehende Entrückung von allem, was menschengemacht und menschenähnlich ist, gibt es sonst nur in den Rocky Mountains oder in den Anden.

Liegt es an Bayern oder daran, dass das Ende absehbar ist? Der Frühling ist noch nicht da, aber der Winter schon vorbei. Bei späterem Nachdenken muss ich mir eingestehen, dass ich mich für den längeren Weg vor allem deshalb entschieden habe, weil ich nicht aufhören wollte und das Ende fürchtete, dass ich ankommen könnte in Altötting, erschöpft zwar an Haupt und Gliedern, aber rüstig und zu früh vollendet. Ein Gespenst droht von früher, aus der Internatszeit, als sollte das lange, lange Wochenende am Sonntag in einem frühen Abend erlöschen, mit dem aufkommenden Grauen vor der Schule am nächsten Morgen.

Nach einem steilen Anstieg geht es wieder hinab, wo über der Pfreimd in gleißender Sonne die Burg Trausnitz ragt. Sie ist, heute zur Jugendherberge restauriert, als Erinnerung an irgendwelche mehr oder weniger ritterlichen mittelalterlichen Auseinandersetzungen übrig geblieben. Ein Habsburger wurde hier im 14. Jahrhundert festgehalten und erst gegen Lösegeld wieder freigegeben, nicht anders, als es die Österreicher dreißig Jahre zuvor mit Richard Löwenherz gehalten hatten, der auf der Rückreise von seiner bewaffneten Wallfahrt nach Jerusalem in Dürnstein eingesperrt und erst nach

Zahlung von unglaublichen dreiundzwanzig Tonnen Silber freigelassen wurde. Was ihm aber nicht viel half, weil er bald nach seiner Rückkehr auf den englischen Thron in einem Gefecht verletzt wurde und statt im Heiligen Krieg elendiglich am Wundbrand starb.

Leider gibt es in Trausnitz nichts und nirgends was zu essen. Es bleibt nur, so schnell wie möglich weiterzuziehen. Wieder geht es in den Wald, durch ein weiteres ausgedehntes Tal und neuerlich hoch an einem Hang, in den sich eine Straße gefressen hat mit einem in den letzten Stunden fast vergessenen talfüllenden Dauerlärm. Von St. Michael in Tännesberg läutet es gewaltig ins Tal, dabei ist gar kein Sonntag. Anlass für den kirchlichen Lärm ist, wie ein Mann im dunklen Janker bestätigt, eine Beerdigung. Das Dorf oder fast das ganze Dorf ist dafür zusammengeströmt und in der Kirche versammelt. Im Gasthof zur Post sitzen nur drei Andachtsflüchtige an einem Tisch und diskutieren. In der Ecke hockt noch ein weiterer, der damit beschäftigt ist, sich mit Hilfe einer Cola verbissen durch die «Bild»-Zeitung zu arbeiten.

In Bayern ist immer noch Kommunalwahlkampf, Zeit und Gelegenheit also, wegen der Bundestagswahl im vorigen September nachzutarocken, den Siegern vom Herbst eins auszuwischen, die Verlierer zu stärken oder noch tiefer in die Grütze zu stoßen. Ob aber Politik wirklich das wichtigste Thema ist, darf man bei dieser Gesellschaft bezweifeln. Die Männer hier sind so vertieft in ein Problem der modernen Welt, dass ihnen eigentlich Honoratiorenbärte aus der Zeit vor dem Ersten Weltkrieg wachsen müssten, so gründlich und ernst sprechen sie darüber. Es geht um das Auto, also die Existenz. Der eine scheint einen Autohandel zu betreiben, jedenfalls war er bei der Reifenmesse in Nürnberg und erzählt, welche neuen Trends bei den Felgenmodellen präsentiert wurden. Es geht um Begriffe wie Radnabenbohrungen, Bremstrommeln und Einpresstiefen, um Trilex und Tuning und warmgewalzten Stahl, die von den anderen beiden Connaisseuren mit duldungsstarrem Ausdruck entgegengenommen werden. Solche Extras kosteten selbstverständlich, setzt der Referent nach, aber es gebe genug Kunden dafür. Danach ist Anlass zur Klage: Die Preise für Gebrauchtwagen seien im Keller, das Angebot sei einfach zu groß. «Da geht nix mehr.»

Das Gespräch wendet sich, wie könnte es anders sein, der drohenden Maut zu und damit den Ausländern, die über unsere Autobahnen fahren, ohne dafür zu bezahlen. Besondere Berücksichtigung finden bei diesen Ausführungen die ausländischen Fuhrunternehmer, die von einer Basis in Tschechien oder Polen aus Deutschland ununterbrochen mit ihren Lieferungen beschicken. «Jetzt kommen immer mehr Russen!», kann der mit dem hochgezwirbelten Schnurrbart ergänzen, wozu die anderen beifällig nicken. Die Bedienung stammt aus Rumänien und bringt noch eine Halbe. Dann wird die nächste lebenswichtige Frage verhandelt, nämlich ob es sich lohnt, mit dem Auto zwanzig Kilometer weit zu fahren, um dort billiger zu tanken. Der dritte Mann am Tisch, es könnte sich um einen Lehrer im Ruhestand handeln, hat den Benzinverbrauch penibel auf den Kilometer heruntergerechnet und mit der Einsparung durchs billigere Tanken verglichen. «Na», sagt er kopfschüttelnd, «da zahlst sauba drauf!» Die anderen sind zuerst skeptisch, müssen sich aber den Zahlen beugen, die der Lehrer ihnen vorlegt.

In der knappen Stunde zwischen meinem Eintreffen, dem hingebungsvollen Verzehr eines frühnachmittäglichen

Schweinebratens, einem kursorischen Kartenstudium und dem Belauschen des herrschaftsfreien Diskurses am Nachbartisch hat der Alleinsitzer die «Bild»-Zeitung noch immer nicht bewältigt. Vielleicht ist auch die Rumba- und Slowfox-Beschallung von der CD schuld. Als ich gehe, singt Lynn Anderson «I Never Promised You A Rose Garden», wogegen nichts zu sagen wäre, quälte mich dieser Ohrwurm nicht noch den ganzen weiteren Tag.

Die Mittagsrast ist vorbei, die Glocke draußen ruft längst nicht mehr, die Trauergemeinde muss noch in der Kirche sitzen. Tännesberg ist seit dem Dreißigjährigen Krieg mehrfach abgebrannt. Nach dem Brand, der 1827 auch die Kirche St. Michael zerstörte, gelobten die Bürger eine jährliche Wallfahrt den Schlossberg hinauf. Das Schloss gibt es nicht mehr, aber der Altöttinger Waller muss selbstverständlich auch den Berg hoch. Es geht einen steilen Kreuzweg entlang, aber oben ist nur ein zweidimensionaler Christus ans Kreuz genagelt. Tief unter den 692 Metern der windigen Höhe liegt das gute Tännesberg, dazu die beigeordneten Weiler und der Wald mit den Wiesen dazwischen. Ganz klein die Autos auf der Durchgangsstraße, unhörbar fern. Die Wegmarke kündigt 19,3 Kilometer bis Oberviechtach an, wo es die nächste Übernachtungsmöglichkeit geben soll. Es ist allerdings bereits halb vier, in zweieinhalb Stunden wird es stockfinster sein, die Strecke unter vier Stunden aber kaum zu schaffen, es sei denn, ich mogelte mich um den Wildstein herum. Die gesamte Strecke kann ich heute überhaupt nur noch bewältigen mit stark erhöhtem Tempo und einer Schlussetappe nach Westen, in die Nachdämmerung hinein. Noch kein Grund zur Panik, aber jetzt pressiert es.

Unter dem Schlossberg beginnt ein geologischer Lehrpfad,

der für den Pilger erfreulicherweise wie eine Autobahn auf solider Lehmbasis planiert ist. Kein Felsgeröll diesmal, keine Grasnarbe, vor allem aber trotzdem keine Asphaltdecke, sondern nachgiebiger Boden, der schnellste bisher. Bald wird es ein übergraster Weg mit den niveauunterschiedlichen Fahrspuren. Dabei drängt die Zeit beziehungsweise das Wetter beziehungsweise der Himmel. Die ersten Schlieren, die dort auftauchen, verdunkeln den Wald schon jetzt. Das Fußgängernavi kennt den Weg wieder nicht, aber hier gibt es zahlreiche Wegweiser für den Goldsteig.

Strammes Gehen wird immer dringender. Alles, was dem Vorankommen nicht unterzuordnen ist, stört. Wegen der Ohrenschützer, die beim schnellen Gehen ob der Kälte unerlässlich sind, merke ich nicht, dass sich ein Radfahrer nähert und mich überholt. Ich zucke davon so schlimm zusammen, dass er sich entschuldigt, muss aber trotzdem noch mehrere hundert Meter lang nachzittern. Die Einsamkeit macht's, die Eile, die Konzentration aufs Weiterkommen. Der Radler staunt über seinen Erfolg, er kann ja nicht wissen, wie sehr der Wanderer ans Alleinsein gewöhnt ist, sodass ihn alles, was ihn in seiner Weltabgewandtheit beeinträchtigt, sogar vollkommen verstört.

Kann schon sein, dass sich dies einsame Wandern für Leute zur Selbstfindung eignet, denen der Blick in den Spiegel oder in den Ausweis zu profan ist, mir wäre eine spirituelle Reise zu anstrengend. Das Gehen erfordert bereits die ganze Kraft. Marathonläufer berichten von einer Endorphinausschüttung, die sie über die Mauer bei Kilometer 29 (oder war es 32?) trägt und einem Eiskunstläufer gleich ins Ziel gleiten lässt, aber das ist mir so fremd wie alle anderen Exaltationen, die angeblich mit körperlicher Überanstrengung einhergehen.

Das Herz, der Kopf sinkt in die Füße, der Blick nach vorn absorbiert das ganze Konzentrationsvermögen, wie sollte man da, zumal man eh keine andere Gesellschaft als diesen einen weh und krumm gelaufenen Körper hat, auch noch sich finden, gar sein vermutlich furchterregendes Selbst?

Dennoch, es geht sich gut in diesem beschleunigten Tempo, deshalb muss der Wildstein selbstverständlich doch noch mitgenommen werden. Auf der Nordseite harscht es ganz unvermutet, da liegt wieder eine Schippe Schnee. Nach einem letzten Aufstieg bin ich oben, wo zu meiner und seiner Überraschung erst eine Minute nach mir der Radfahrer eintrifft, der den Berg mit seinem Bike wenigstens einmal die Woche erklimmt. Mit mir steht er auf den Resten der ehemaligen Burg Wildstein und sagt das Einzige, was man hier sagen kann: «Schon schön!»

Denn schön ist das Land hingebreitet mit seinen Hügeln und Fluren, eine Augenweide, ein Blick in die Niederungen, gesprenkelt mit fremden Dörfern, aus denen vielleicht sogar Rauch aufsteigt, aber der ist von hier oben in diesem letzten Licht doch nicht zu erkennen. Die Burg, die es schon lang nicht mehr gibt, diente einst der Überwachung der Handelswege, war abwechselnd Grenzfeste der Hiesigen und vorgeschobener Posten der Eroberer aus dem Osten. Die ganze Geschichte ist hier zum Glück tief unters Gras gesunken und aufzufinden allenfalls für Schatzgräber, die wild auf verrostete Klingen und ein paar Tonscherben sind. So ist der Wildstein nur mehr ein Naturdenkmal, unbeeinträchtigt von Autos und Mitmenschen, eine stille Abseite im sonst kreuz und quer von Straßen durchzogenen Grenzland.

Halb sechs ist es, und es pressiert noch mehr. So geht es rasch den Berg hinunter, der Radfahrer ist schon fort. Die

Straße führt hinab ins Land, wo irgendwo Oberviechtach liegen muss, hinter den Hügeln, die im Dunst verschwinden. Wie in einem Roman von Patricia Highsmith wird es fast schlagartig dunkel. Bei der kleinen Jakobskirche ist wieder einmal der Jakobsweg erreicht und die Dunkelheit bereits so vollkommen, dass es ohne Stirnlampe und Rückstrahler gar nicht mehr weitergeht. Die letzten zwei Kilometer sind wieder an der Landstraße zu verbringen, kurze Verzweiflung über die tiefe Schwärze, aus der sich die Scheinwerfer des Abendverkehrs bohren, eine Kuppe hinauf, und da erwartet einen das Krankenhaus von Oberviechtach, Straßenbeleuchtung, der rettende Gehsteig, der Gasthof. Die Zivilisation ist nicht zum ersten Mal mit großer Erleichterung zurückgewonnen.

Das Haus ist eine Baustelle, Bänke, Tische, Stühle stehen notdürftig verpackt herum, eine Plane versperrt einen ganzen Trakt. Die Wirtschaft hat vor zwei Tagen einen schlimmen Wasserschaden erlebt. Hinter der Plane geht der Küchenbetrieb irgendwie weiter. Um die Plane herum marschieren auch die Mitglieder des Oberviechtacher Ortsvereins der CSU, der sich vor der Wahl noch einmal eingehend und selbstverständlich unter Ausschluss der Öffentlichkeit beraten muss. So darf ich nur in einer größeren Kammer das Bier trinken, nach dem an einem Tag mit gut vierzig Kilometern bergauf und bergab jede Faser im Körper lechzt. Vor Erschöpfung sackt mir der Kopf fast in den Teller. Gütige Menschen haben aber ein Bett vorbereitet, in das ich dankbar hineinsinke. Es hätte auch jeder Heustadel sein können.

26

Das heimelige Oberviechtach von gestern Abend ist bei
Tage ein öder Ort. Angeblich ist hier der legendäre Doktor
Eisenbarth geboren, aber auch der floh den Schauplatz, so
schnell er nur konnte. Einer strukturschwachen Gegend ist es
nicht zu verdenken, dass sie einmal im Jahr ein Dr.-Eisenbarth-
Freiluftfestspiel veranstaltet, außerdem einen Dr.-Eisenbarth-
Kräuterlikör, eine Dr.-Eisenbarth-Schule, einen Dr.-Eisen-
barth-Brunnen und natürlich ein Dr.-Eisenbarth-Museum
hat, in dem es einen vor seinen Methoden gruseln soll, die
weder unüblich noch so barbarisch waren, wie es die Legende
will. Man kann bei weniger klammer Temperatur auch Gold
waschen und nichts finden, und man kann besondere Mühe
haben, aus diesem Oberviechtach wieder herauszufinden.

Nach Norma und Lidl geht es auf einen Fahrradweg, der
auf einem früheren Bahngleis angelegt ist, zunächst in die
Gegenrichtung, dann auf den Höhenkamm zur Ruine Murach,
wo man endlich wieder auf den Goldsteig trifft und glücklich
im Wald untertauchen kann. Hoch über Oberviechtach warnt
ein Schild in Gelb: «Lebensgefahr!» Es könnten nämlich, steht
da, Eisbrocken vom Himmel fallen. Zufällig ist ein Techniker
gerade dabei, den Relaiskasten für die Telekom und einen
noch nicht etablierten Behördenfunk einzurichten. Er erklärt
mir, dass sich oben auf der Metallfläche des Sendemasts im
rauen Wind der Oberpfalz leicht Eis bilden kann, das bei nur
leichtem Temperaturanstieg in großen Brocken herabfällt. Er
selber ist natürlich mit dem Auto heraufgefahren und fragt
sich, wie man im Winter hier unterwegs sein kann und auch
noch zu Fuß. Nein, stimmt, er hat ja recht, es ist nicht zu erklären. Er schaut mir länger nach, wie ich auf meinen vier Beinen

weiterstolpere: Zwei einsame Waldarbeiter, die sich zufällig begegnet sind.

Blauer Rauch steigt auf über einem Einödhof, der noch ganz winterfest abgedichtet ist, als hätten die Bewohner seit September nur mit Eingemachtem und Pökelfleisch drinnen ausgeharrt. Etwas weiter parkt irgendwo ein kleines Auto, in dem eine kleine Frau in ein besonders kleines Handy spricht. Hier gibt es immer noch Bereiche ohne Netzabdeckung, aber mir gefällt die Vorstellung, sie wäre von zu Hause weggefahren, um ungestört mit ihrem Liebhaber telefonieren zu können.

Der Goldsteig teilt sich, ein Ast führt weiter nach Osten und an der tschechischen Grenze entlang über die höchsten Erhebungen des Bayerischen Waldes nach Passau. Beim anderen stimmt die grobe Richtung in den Süden. Die Dörfer sind gar keine, sondern oft nur um ein, zwei Höfe gruppierte Schutzburgen. Der Winter soll hier sehr hart sein, vor allem, wenn der Ostwind vom Kamm herunterfällt. Ein vermehrtes Aufkommen von Lehrtafeln ist zu beobachten: Die Natur will erklärt sein, und die Schule arbeitet sich in den Wald vor. Im Prackendorfer und Kulzer Moor ist der letzte Rest der ehemaligen Industriezone Oberpfalz zu besichtigen, weil hier einmal der Torf für die Kohlenmeiler und den Hausbrand gestochen wurde. Wie in Bassins hat sich der Regen gesammelt und den Wald vermoort. Die Wasserflächen sind inzwischen verlandet, die Nassstellen verwildert, ein ungehegtes Moor ist entstanden, in dem ein merkwürdig gelbes, zähes Seegras wächst. Im matten Licht des verhängten Tages könnte es eine mit wenig Aufwand hergestellte Kulisse sein, Hintergrund für eine schwermütige Tschechow-Szene. Vielleicht fällt auch gleich ein Schuss, mit der der unheilbare Tragiker der Jagdgesellschaft seinem Leben ein Ende setzen müsste. Auch dann rührte sich kein Hauch, so erstorben ist alles. Es ist eine Szenerie, in die aufmerksame Eltern ihre desinteressierten Kinder am Sonntag schleppen würden, um ihnen von den Tafeln vorzulesen, wie viele seltene Vögel hier brüten, aber da ist jetzt niemand, überhaupt ist niemand da.

Auf einem Wegweiser war für Dautersdorf eine Wirtschaft angekündigt. Dort steht ein Ziegenbock, angeleint zwar, aber in seinen Augen konzentriert das reine Böse, das sonst nur die schärfsten Hofhunde aufbringen. Die Wirtin kommt gerade vom Einkaufen zurück. An Gastbetrieb hat sie nicht gedacht, nicht im Winter, aber da sie eben für ihre Familie kochen will, kann sie mich gleich mitversorgen. In der Stube stehen die üblichen Auszeichnungen und Pokale, dazwischen Studioaufnahmen der früheren Besitzer und Betreiber der Wirtschaft mit sehr viel Bart (eher das Ebert- als das Hitler-Modell), dazu ein dicklicher Priester bei seiner Primiz.

Ob mir Gyros recht wäre? Gyros ist mir recht, und sie bringt es mit einer Übermenge magenschmelzender Pommes frites und der vertrauten Frage, warum ich im Winter durch den Wald laufe und nicht im Sommer. Sie hat alle möglichen Kampfwanderer erlebt, aber nicht im Winter. Einer habe stolz erzählt, dass er pro Tag fünfzig Kilometer runtergerissen hätte. «Do siggst ja nix mehr vo da Naduur», sagt sie völlig richtig, «da brauchst do gonned ersts laffa ofanga.» Aber ich werde davon bei meiner bescheidenen Tagesleistung ganz klein.

27

Gleich nebenan in Schönbuchen steht eine winzige Gnadenkapelle mit einem Abbild der wundertätigen Madonna aus Altötting, wohin es nur mehr hundertfünfzig Kilometer sein dürften. Wie in Altötting ist die Kapelle außen verkleidet mit Kreuzen, viele aus Birkenholz, die meisten selber verfertigt, von den Wallfahrern mitgebracht und hier niedergelegt in der Hoffnung, Buße, Vergebung, vielleicht auch Erlösung von ihren Krankheiten und Beschwerden zu erlangen. An der Schwarzach entlang geht es zu Tal in eine plötzlich wieder bewirtschaftete Natur. Waldarbeiter scheren mit schwerem Gerät die Hecken, um den ursprünglichen Weg wieder freizulegen. «Furchtbar stressig» sei der Job, sagt einer von ihnen, auch wenn es nicht danach aussehe. Erst gestern habe sich eine Frau bei ihnen beschwert, habe sie als Naturfeinde und Tierquäler beschimpft. «Baummörder!» habe sie gerufen und mit Konsequenzen gedroht. Er zuckt mit den Schultern. «Der Wald muss sich erholen können. Wir machen doch bloß unsere Arbeit.»

In Neunburg vorm Wald schaut der steinerne Herzog Johann von Pfalz-Neumarkt grimmig von der Befestigung herab. Er hat 1433 das Heer der Hussiten, das aus Böhmen herandrängte und die Katholischen nach der protoprotestantischen Form ihres Märtyrers Jan Hus fromm machen wollte, so erfolgreich geschlagen, dass die Neunburger jetzt noch zu seinen Ehren Festspiele veranstalten. In der Wirtsstube unterhalten sich ein Spanier und eine stark dialektgeprägte Pfälzerin in rudimentärem Englisch über ihre aktuelle Auftragslage. Noch vor dreihundert Jahren hätten sie Krieg gegeneinander geführt, die Pfälzerin wäre vielleicht als Mutter Courage hinter den Landsknechten hergezogen. Noch 1415 haben sie den fremdgläubigen Böhmen Hus zum Konzil in Konstanz gelockt und dann als Ketzer verbrannt, aber Europa, kann man gar nicht anders sagen, Europa lebt.

28

Kühl ist der nächste Tag, vielleicht weil es von Süden her auffrischt. Die Wolken treiben in grauschwarzen Ovalen heran, dazwischen grelle Sonnenblitze, dass es manchmal wie die Ankündigung zum großen Weltabräumen wirkt, das der niederbayerische Seher Mühlhiasl für die Neuzeit prophezeit hat. Der verlässliche Dauerschmerz in den Gelenken übertäubt zumeist alle anderen Beschwerden, aber jetzt macht sich eine Druckstelle am linken Fuß störend bemerkbar. Knapp sechshundert Kilometer bin ich bisher gegangen, da kann oder vielmehr muss eine solche Schwäche vernachlässigt werden.

Als wäre das ganze Jahr fleischlose Fastenzeit, sind hier für den Ernstfall Hunderte von Fischteichen angelegt. Sie bedürfen keiner übermäßigen Pflege, sind aber neuerdings das bevorzugte Jagdgebiet von Kormoranen und Graureihern, die sich nicht hätten träumen lassen, dass man ihnen einmal die Nahrung so mundgerecht servieren könnte. Die blöden Viecher lassen sich immer weniger vergrämen und bejagen, werden, noch schlimmer, sogar immer schlauer, lassen sich also auch nicht von Vogelscheuchen davon abhalten, den Fischwirten die Karpfen und Hechte wegzufressen oder jedenfalls so zu behacken, dass sie für den Verkauf zu unansehnlich werden oder daran sterben.

Recht erschöpft stolpere ich zum Mittagessen in den Mappacher Hof, in dem bereits etliche Ausflüglerpaare sitzen und neugierig fragen. Die Bewunderung für die gelaufene Strecke («Was, den Goldsteig!») nährt mich mehr als der obligatorische Schweinebraten. Vor dem Fenster ziehen in fast ununterbrochener Reihe Lastwagen und Lieferfahrzeuge über die B 85, die in der Wanderkarte im Ernst als «Bier- und Burgenstraße» geführt wird. Dafür folgt bald ein «Hexen- und Geisterradweg», mit dem es zur Magdalenenkapelle geht. Obwohl ich mir einbilde, mit einem gewissen Tempo zu gehen, überholen mich bergauf zwei Frauen, die sich dabei auch noch in epischer Breite über die Schlaf- und Essgewohnheiten ihrer Männer austauschen. Zumindest würden die nicht mithalten können.

Hier führt der Goldsteig direkt nach Süden zur Donau, aber ich will ja über Regensburg. Eine Reiterin, die das Recht wahrnimmt, im Walde auf Straßen und Wegen zu reiten, kann mir leider nicht weiterhelfen, weil sie gar kein Deutsch versteht. «Hart ist die Reis», steht passend auf einem Feldstein, «wenn man den Weg nicht weiß. / So ruft man die Heilige Dreifaltigkeit an / die zeigt dir den Weg zur Heimat dann.» Der Weg ist trotzdem der richtige: erst steil hinab von einer leicht verwilderten Kinderfreizeitanlage am Waldhaus, dann nach Nittenau.

Trotz Seriensucht-Fernsehen und vielleicht dem abendlichen Sportclub findet das gesellschaftliche Leben noch immer in der Wirtschaft statt. Irgendwo muss man sich doch auch entschädigen für die Öde im Büro und das anschließende Kasteien für was auch immer. Am Stammtisch sitzen die Älteren, die für diesen Platz genug erlebt und vor allem genug gearbeitet haben. Einer macht immer den Wortführer.

Der Wortführer ist etwas jünger als die Beisitzer und anders als die anderen Stammtischler noch im Beruf, von dem er den anderen Abenteuergeschichten mitbringt. Sie beneiden ihn darum, und er dankt es ihnen damit, dass er über die Arbeit stöhnt. Dann facht er den Neid listig wieder an, indem er von seinen jüngsten Reisen nach Köln und nach Berlin erzählt und wie ausgebucht die Strecke war und wie voll die Züge überhaupt sind und dass er nächste Woche nach Rumänien muss. «In Urlaub?», fragen sie bewundernd. «Nein, kein Urlaub!», wehrt er ab. «Da liefern wir Ersatzteile hin, und ich muss das überwachen. Die Rumänen bestehen darauf.» Sie sind so neidisch auf ihn.

Groß ist die Welt draußen und wunderbar. Irgendwo unterwegs hat der reisende Wortführer die Bilder eines Jungbäuerinnen-Kalenders heruntergeladen. Die Mädchen posieren in Dirndl-Resten und im Heu, mit einer Mistgabel in der Hand oder neben einem Traktor. Die Bilder der Diashow werden mit Begeisterung aufgenommen und mit Kennerblick kommentiert. «Die sind doch aufgeblasen!», heißt es empört bei einem Mädchen, und jeder darf mal auf das Handy schauen, damit ihm keine Spiegelung den Blick auf den großen Busen nimmt. Die Kellnerin, nicht mehr ganz so jung, aber selbstverständlich auch im Dirndl, wird als Expertin hinzugezogen. Sie hat eben die neue Lage Bier abgeliefert und schaut sich an, was da zu sehen ist, prüft genau und urteilt dann: «Na, die sind nicht aufgeblasen, sonst würden sie ja nicht so hängen. Die sind schon echt.» Was die Männerrunde dann wieder beruhigt.

29

Nach langer Zeit wieder ein echter Regentag, und Regentag heißt, dass es vom Sonnennichtaufgang bis ins Dunkelwerden durchregnet. Nicht schlimm, es prasselt nicht, es geht auch kein böser Gegenwind, es ist eher ein verlässlicher Dauerregen, der das Land einnebelt, die Sicht verkürzt und die Autos durch die Pfützen zischen lässt. Da Nittenau bereits am Fluss Regen liegt, der in Regensburg in die Donau mündet, kann ich auf Karte und Navi vollständig verzichten; der Fluss wird mich führen.

Bei Marienthal gerate ich dann doch vom rechten Weg. Dummerweise folge ich irgendwelchen Schildern, steige deshalb immer höher und bewege mich in nördlicher statt südlicher Richtung, bis ich schließlich an einer dieser vielbefahrenen Bundesstraßen lande, die ich inzwischen losgeworden zu sein hoffte.

Die Karte gibt nichts her, das Navi erst recht nicht, es bleibt nur, dem Straßenverlauf in südwestlicher Richtung zu folgen und den ersten Abzweig nach links zu nehmen. Dabei ist neben der Straße kaum Platz für einen schmalen Randstreifen, und die Autos sind regelmäßig überrascht, wenn plötzlich jemand stöckeschwingend auf sie zukommt. Nach fast zwei Kilometern in bewährter Angst öffnet sich ein Wirtschaftsweg, der erst nach Süden, dann nach Osten und wieder nach Süden führt und ohne Vorwarnung ganz oben auf dem Hochufer über dem Fluss endet. Wie weiter? Es ist vollkommen lächerlich, sich mitten in Mitteleuropa, unbedrängt von Berglöwen und selbst von Sattelschleppern, in eine solche Gefahr zu begeben. Aber ich habe keine Lust, den langen Weg zurückzulaufen, weiter auf der Landstraße halte ich es nicht aus, also bleibt mir nichts anderes als der Abstieg über die Steilkante. Vorsichtig, ganz vorsichtig. Teilweise geht es im Fünfundvierzig-Grad-Winkel abwärts. Der Boden ist vollständig mit Buchenblättern bedeckt, die hier unter den Bäumen und weil der Regen nur langsam mit mir aus dem Osten vorgerückt ist, zum Glück noch fast trocken sind. Die Strecke ist ungefähr so wegsam wie ein Schmugglerpfad, und tatsächlich ist vor einiger Zeit auch jemand heraufgestiegen, was bestimmt leichter oder jedenfalls weniger gefährlich ist. Ich versuche, mit den Stöcken das Rutschen auszugleichen, um nicht doch die Balance zu verlieren und davonzukugeln. Die Knie zittern mir, als ich endlich unten bin, auf gleicher Höhe mit dem Fluss.

Hier führt ein sichtlich wenig genutzter Wanderweg über Hirschling nach Heilinghausen, wieder zwei mittagverlassene Orte, bis es auf dem Fahrradweg neben der Straße stur weitergeht, Kilometer um Kilometer, einfach weiter. Der Regen tut, was der Regen tun muss, er regnet den ganzen Tag. In Regenstauf hungrig und klamm über die Brücke in den Ort hinein, verwaschen und menschenfeindlich wie ein amerikanisches Straßendorf. Die Zeitung sagt, dass hier gerade erst ein gewaltiger Faschingsumzug stattfand, ein echter Mummenschanz mit Masken, Wagen, Gesängen und dem üblichen Blödsinn, aber der Regen hat auch den letzten Konfettischnipsel fortgespült. In einer Seitenstraße findet sich immerhin eine sogenannte Speisegaststätte, in der erst zwei, dann drei, schließlich sechs Männer beim Bier sitzen: Die ersten halten sich ans Weißbier, einer hat ein Helles, einer trinkt gleich aus der Flasche. In der Mitte sitzt der Chef und Wortführer, der wie auf dem Bild von Wilhelm Leibl Schauzeitungslesen betreibt und den anderen erklärt, was er von dem hält, was er lesen muss. Die Großereignisse – die Ukraine, Amerika, China – werden genauso verächtlich kommentiert wie die lokalen Begebenheiten. Der Vorleser ist viel zu groß und zu schwer und zu dick, aber der Chef.

Eine der Geschichten aus der Zeitung führt zu einer Grundsatzdiskussion darüber, ob es sinnvoll sei, aus Liebe zu heiraten, solang das Finanzielle nicht stimme. Die Männer sind alle nicht mehr ganz jung, sondern in den berühmten besten Jahren, und um die geht es. Wie soll man sie zubringen, die besten, also die kommenden schlechten Jahre? Allein? Zu zweit? Und mit der Perspektive des Siechtums, der Pflegebedürftigkeit? Die Liebe – es sind doch außer der Bedienung alles Männer – wagt keiner so recht anzubringen, es sei denn, sie lässt sich mit der vom Chef vorgeführten höhnischen Geste wegwischen: «Die Liebe, die Liebe! Ja schon, aber wer weiß denn, wie lang das geht?» Eine so tiefsinnige wie berechtigte Frage, wie das Kopfnicken ringsum beweist. Sie belassen es nicht beim Urteil, sondern reichen sich gegenseitig Begründungen nach. Sie setzen sich aus all dem zusammen, was der moderne Zeitungsleser weiß: Inflation, Niedrigzinsen, gestiegene Lebenserwartung, Krankheitskosten, Rente mit dreiundsechzig. «Wenn das Geld stimmt und die Liebe noch dazukommt, dann ist das doch auf keinen Fall zu verachten», wagt sich endlich einer vor. Fast scheint er vor seiner eigenen Kühnheit zu zittern. Gespannt erwartet er die Reaktion des Chefs, die so schnell kommt wie ein Fallbeil: «Aber den Frauen geht's doch nur ums Geld.» Wieder nicken sie, seufzen in dieser tiefgeschürften Erkenntnis und bestellen bei der einzigen Frau im Raum noch eine Halbe. So sind sie, die Frauen, so kennt man sie doch, und weil sie sind, wie sie sind, muss man möglichst schnell auf und davon, weshalb die Mannerleit doch auch im Wirtshaus sitzen am hellen

Nachmittag und um halb drei anfangen, sich ins Wochenende hineinzutrinken.

Noch fünfzehn Kilometer Nässe, aber die hat auch ihr Gutes. An einem Strauch leuchten die roten Vogelbeeren strahlend durch die Regendüsternis, fast die einzige Farbe an diesem Tag. Und im Fluss schwimmt das zerlaufene Spiegelbild einer namenlosen Kirche am anderen Ufer. Der Weg führt jetzt neben der Autobahn her, die den Verkehr aus Nordbayern bringt, von Hof und Grafenwöhr und Wernberg. Die Nähe der Großstadt erkennt man schon daran, dass sich zwei Schüler in diesem grauenhaften Dauerregen in die Unterführung drücken, um die Schultern einzuziehen, zu rauchen und Supermarktbier aus der Flasche zu trinken. Dabei sind sie aber freundlich und lassen sich, nachdem sie das Bier weggestellt haben, bereitwillig fotografieren. Die Bilder werden nichts in der Abendgräue.

Irgendwann ist es doch vorbei, geht es auf der Steinernen Brücke über die Donau, geht es in die mittelalterlich gedrängte Stadt, hinein ins Trockene. In Regensburg tagte zwar nicht ewig, aber doch mehrere Jahre der Immerwährende Reichstag, vom Kaiser einberufen, wenn er wieder Geld brauchte für seine Kriege gegen die Türken oder wenn es wieder ein Bündnis zu schmieden galt gegen die protestantischen Fürsten oder den Erzrivalen, den französischen Franz, der dem römischen Kaiser deutscher Nation, aber burgundisch-spanischer Herkunft, ständig die Vorherrschaft über Europa streitig zu machen suchte. Zu Beginn des Jahres 1546 lud der tiefgläubige Karl V. hier zu einem Religionsgespräch, damit seine Gegner nicht merkten, dass er bereits Vorbereitungen zum Krieg gegen den protestantischen Schmalkaldischen Bund traf. Der Kaiser hatte doppeltes Glück: Im Februar starb Martin Luther, sein größter Widersacher, und im Sommer nahm sich die wohlgestalte neunzehnjährige Gürtlermeisterstochter Barbara Blomberg des bauchenden und im Übrigen bereits schwer gichtigen Sechsundvierzigjährigen an. Im Jahr darauf gebar sie in der Folge einen gesunden Knaben, der ihr nach damaliger Sitte sogleich entzogen und in kaiserliche Obhut gegeben wurde. Die Blombergerin wurde ihrerseits ordentlich versorgt und anständig verheiratet, gebar drei weitere Kinder, durfte aber, wie die traurige Sage geht, ihren kaiserlichen Erstgeborenen nur mehr ein einziges Mal sehen.

Der erhielt – Österreich beginnt hundertfünfzig Kilometer flussabwärts – den schönen spanischen Titel Don Juan de Austria und bewahrte 1571 durch den Sieg in der Seeschlacht von Lepanto das christliche Abendland vor den Türken. Die Regensburger, sonst grundkatholisch und sehr wenig aufgelegt, die Sitten bis zu solcher Libertinage einreißen zu lassen, sind so stolz auf diese hochherrschaftliche Liaison, die sich mitten in ihrer Stadt zutrug, dass sie dem Bankert sogar ein Denkmal errichtet haben. Am «Gasthof Heiliges Kreuz» steht auf einer Tafel zu lesen, warum: «Der bei Lepanto in der Schlacht / Vernichtet hat der Türckhen Macht / Der HERR vergellts ihm allezeit / So ietzt wie auch in Ewigkeit.» Der Arme, er starb schon mit einunddreißig in Namur an Typhus – seine Mutter überlebte ihn um viele Jahre –, und um ihn in Spanien im Escorial beerdigen zu können, musste sein Leichnam zerstückelt und in Satteltaschen außer Landes geschmuggelt werden.

Etliche hundert Jahre später versuchte sich Papst Benedikt XVI. ebenfalls in Regensburg ebenfalls an einem Religionsgespräch. Wenn der Dialog zwischen den Religionen auch weniger kriegerisch ablief, so sorgte der Auftritt doch für einigen Ärger. Unter seinem bürgerlichen Namen Joseph Ratzinger hatte der Papst einst an der Regensburger Universität Theologie unterrichtet. In der Vorlesung, die er bei seiner Deutschlandreise 2006 vor fachgelehrtem Publikum hielt, zitierte er, streng wissenschaftlich, eine Quelle, unterließ es aber, sich zu ihr zu verhalten. Der oströmische Kaiser Manuel II. Palaiologos, Oberhaupt der orthodoxen Kirche und damit qua Amt mit einem ähnlich excathedralen Anspruch gesegnet wie Benedikt, habe 1391 zu einem persischen Gelehrten, also einem Moslem, Folgendes gesagt: «Zeig mir doch, was Mohammed Neues gebracht hat, und da wirst du nur Schlechtes und Inhumanes finden wie dies, dass er vorgeschrieben hat, den Glauben, den er predigte, durch das Schwert zu verbreiten.» Das stimmt zwar, entsprach aber nicht ganz der angekündigten Dialogbereitschaft des Papstes, der deshalb, als der Vatikan die Rede veröffentlichte, in einer nachgereichten Fußnote darauf hinweisen musste, dass er sich diese schroffen Worte des byzantinischen Kaisers keineswegs zu eigen mache.

So war es vielleicht keine ganz schlechte Idee gewesen, dass der aufstrebende Theologe zum Bischof berufen wurde und deshalb das Lehren fürs Erste sein lassen konnte. Im Bischofshof zu Regensburg zeigen sie ein Bild von ihrem früheren Mitbürger (die Gastwirtschaft mit angeschlossenem Hotel gehört nach wie vor dem Bistum Regensburg), als der nach seiner Beförderung zum Papst Benedikt XVI. wieder einmal die alte Wirkungsstätte besuchen kam. Bis heute lässt sich der inzwischen emeritierte Papst aus alter Verbundenheit regelmäßig ein Deputat Fanta von hier nach Rom schicken.

Die Gesandten des Immerwährenden Reichstags residierten einst im Bischofshof, der in der Gaststube noch immer eine solide altfränkische Anmutung pflegt. Abends kommen regelmäßig dieselben Gäste. Sie sitzen immer am selben Tisch, nicken einander zu, reden aber dann nur mit der Bedienung, mit der sie sehr vertraut sind. Fremde, die es unter der Woche in den Hof verschlägt, werden anhaltend gemustert, außerdem verlängert das die eigene Verweildauer. Aber es ist warm in der Stube.

Nach zwei Tagen Rast könnte es weitergehen, müsste es weitergehen, meldete sich da nicht eine bisher ungekannte Schlussangst. Das Ziel ist zwar längst nicht greifbar, aber schon ziemlich nahe gerückt. Bei meiner gegenwärtigen Kondition sollte es keine Mühe sein, auch die letzten Kilometer noch zu bewältigen. Es hat aber keine Eile. Die Schwarze Madonna wird schon warten. Ein Wunder ist bereits geschehen, dem neuen Vorsitzenden Christian Lindner sind über Nacht neue Haare gewachsen, da ist jetzt Demut gegenüber der so wiedererstarkten FDP gefragt, Geduld, Seelenruhe, also lieber nicht zu früh ankommen und stattdessen noch mal in den gerade entdeckten Oberpfälzer Wald.

30

Gleich unterhalb von Regensburg liegt Donaustauf, das ich nach einem etwas mühsamen Gang an den Lagerhallen, Frachthöfen und Krananlagen des Hafens erreiche. Mittendrin und in gehöriger Entfernung vom berühmten doppeltürmigen gotischen Dom scheint man sich der eher irdischen Belange anzunehmen. Ein Eros-Unternehmen nutzt die Container für hochfrequente Dienstleistungen, und für alle Fälle steht am Eingang ein Geldautomat.

Am Himmel keine Wolke oder nur die paar, die in der bayerischen Nationalhymne vorgesehen sind. Steil geht der Weg hinauf zur Walhalla, einer hochwillkommenen Sonnenbank nach dem Dauerregen. Der Blick des Wanderers ist gar nicht mehr auf den Weg hingeheftet, er geht in die Ferne. Es sind jetzt ohne Zweifel die bayerischen Stamm- und Erblande erreicht, Altötting ist nicht mehr weit, warum nicht gleich weiter nach Italien? In Italien saß der bayerische Kronprinz Ludwig in der Laube, sang und trank mit den deutschen Künstlern dort, schrieb selber schlimm geschwollene Gedichte und wurde ganz traurig, wenn er an seine Heimat dachte, wusste er doch: irgendwann ist's vorbei mit dem Künstlersein und dem guten Wein, irgendwann würde er wieder nach Hause und Majestät werden müssen, der bayerische König Ludwig.

Während der napoleonischen Kriege erfand der Kronprinz, er hatte Geschichte studiert, im Verein mit anderen Brauseköpfen: Deutschland. Dieses Deutschland gab es zwar nicht, aber es stammte von den tapferen Germanen ab, die ihr Land einst gegen die bösen Römer verteidigt hatten (bitte selber nachschauen unter: Schlacht im Teutoburger Wald). Diesem schönen Deutschland wollte der werdende König etwas besonders Schönes schenken, einen Ruhmestempel, der all die großen Geister aufnehmen sollte, die das eben erfundene Deutschland in seiner langen unbewussten Geschichte hervorgebracht. Eine Walhalla sollte es sein, benannt nach dem Jenseits, in das die germanischen Recken einzogen, wenn sie des Kämpfens endlich müde waren.

Als kunstsinniger Monarch beauftragte er den Baumeister Leo von Klenze, der ihm ein geträumtes Griechenland vorschlug. Griechenland begeisterte seinerzeit ganz Europa.

Lord Byron zog mit in den Freiheitskrieg und starb den Heldentod. Die Griechen wurden frei, und Ludwig schenkte seinen zweiten Sohn Otto den eben vom türkischen Joch ledigen Griechen als Leihkönig. So groß war die Liebe zum Griechentum, dass Ludwig 1825 mit einem einzigen absolutistischen Federstrich das angestammte Baiern in ein ehrwürdiges, griechengleiches «Bayern» verwandelte. Auf der Anhöhe über der Donau nahe Regensburg ließ er den Parthenon nachbauen, größer und viel reizvoller als der Jungfrauentempel auf der Akropolis in Athen. Die Walhalla wurde sein Traum vom Süden. Schon schön.

Es ist Sonntag auf der Terrasse der Walhalla, ein erster Frühlingstag und gleich so strahlend schön wie kein Frühling zuvor. Die Walhalla ragt so weit hinaus über die Industrieanlagen im Hafen von Regensburg, so hoch über der glitzernden Donau, dass das Land unten wirklich wie in einem zeitgenössischen Gemälde hingebreitet ist. Die Straßen, die Dörfer so verkleinert und wieder Teil einer fast künstlichen Kulturlandschaft, wie gemalt von Wilhelm Kobell. Auf einem Schlachtgemälde Albrecht Altdorfers ringt da unten in der Ebene Karl der Große in einem dreitägigen Kampf mit Hilfe eines Engels die räuberischen Awaren nieder, was von hier oben sicher gut zu beobachten war. Für mehr als einen Moment erstirbt der Drang vollkommen, nur recht bald weiterzugehen, dem gelobten Ziel entgegen, dem Ende der Reise und dem Ende aller körperlichen Beschwerden.

Unten im Dorfe trägt die zuletzt angelegte Straße den Namen von Sophie Scholl; was der Herrschaft oben recht ist (zumindest nach siebzig Jahren), wird den Hintersassen drunten doch wohl billig sein dürfen. Der Name ist eine Erinnerung an die mühsame Prozedur, die für Sophie Scholl zu durchlaufen war. Zwar hielt der großmütige König dafür, dass «kein Stand nicht, auch das weibliche Geschlecht nicht», ausgeschlossen sei von der Aufnahme in seinen schönen Tempel. Jeder, selbstverständlich jeder, vorausgesetzt, er war tot und Germane oder wenigstens Deutscher, sollte, bei namhaften Verdiensten um jenes Deutschland, dem der Dichter Botho Strauß so ergriffen nachtrauert, hier seinen Platz finden können. Wie immer haperte es dann an rühmlichen Weibern, und Sophie Scholl – war die nicht sogar gegen die Obrigkeit aufgetreten und hatte nicht nämliche Obrigkeit sie dafür unters Fallbeil legen müssen? Aber dann fassten sich die hohen Herren doch ein Herz und stellten 2003 eine Büste für sie auf. Der bisher letzte Zugang ist der Harz- und Deutschland-Reisende Heinrich Heine, der die deutschnationale Ruhmeshalle einst als «marmorne Schädelstätte» geschmäht hatte. Ihr Stifter hatte ihm die Pension, nach der ihn so verlangte, leider nie gewährt; seine späten Nachfolger in der bayerischen Staatskanzlei haben ihm die unvermeidlichen Spottverse auf den König, der die verlorene Jugend dann ausgerechnet bei den scharlachroten Strümpfen der Lola Montez wiederzufinden hoffte, mit der Aufnahme in die bewusste Schädelstätte heimgezahlt. Ach, Heine! So viel Geschichte, um so zu enden!

Der Forst hinter der Walhalla ist Eigentum der Familie Thurn und Taxis, ein nicht ganz kleiner Rest spätmittelalterlicher feudaler Privilegien. Vom Postmonopol, auch von den weiland fürstlichen Kleinodien ist nicht viel geblieben, nur der Wald, eine bedeutende und im Ganzen wenig pflegeleichte Ressource, hat sich erhalten. Albert II. von Thurn und Taxis gilt sogar als der größte private Waldbesitzer in ganz Europa. Die gelben Schilder des «Fürstl. Forstamtes» links und rechts verbieten zwar das Befahren, können einen aber nicht daran hindern, durch diesen Wald zu spazieren. «Der Genuss der Naturschönheiten und die Erholung in der freien Natur», so beginnt Art. 141 (3) der Bayerischen Verfassung, «insbesondere das Betreten von Wald und Bergweide, das Befahren der Gewässer und die Aneignung wildwachsender Waldfrüchte in ortsüblichem Umfang ist jedermann gestattet.» Leider wächst gerade nichts und wild schon gar nicht. Für ein Landeskind ist es dennoch heiliger Boden, denn beim Forsthaus Aschenbrennermarter hat Bayerns letzter Feudalherrscher Franz Josef Strauß 1988 seinen tödlichen Herzinfarkt erlitten. In einem amerikanischen Lexikon des Kalten Krieges wird die Heldensage erzählt, Strauß sei bei einer Wahlveranstaltung von einem Zuhörer erschossen worden, dabei ist die Wahrheit viel banaler, auch bayerischer: Seine Durchlaucht, der fürstliche Johannes von Thurn und auch von Taxis, hatte ihn als Gast auf die Hirschjagd geladen. Strauß kam von einer kleinen Diät, hatte aber auf dem Weg nach Regensburg die Segnungen des Oktoberfests nicht verschmähen mögen und langte erschöpft in den Waldungen des Fürsten an. Gleich beim Aussteigen aus dem Hubschrauber kollabierte er. Man versuchte ihn zu reanimieren, schaffte ihn nach Regensburg ins Krankenhaus, aber er starb zwei Tage später doch. Kein König hat einen größeren Trauerkondukt erlebt als dieser bayerische Ministerpräsident, der sich, warum auch immer, als «letzter Preuße» verstand.

Aschenbrennermarter gehört zur Gemeinde Altenthann, das wie Wenzenbach oder Bernhardswald noch immer wie eine Rodungsinsel im Bayerischen Wald wirkt, der Wildnis abgetrotzt, urbar gemacht für kommende Generationen, auch wenn die nichts anderes im Sinn haben, als möglichst schnell durch diese Inseln zu brettern. Eine Gedenktafel mit stilisierter Sonne am Straßenrand erinnert an «unsere geliebte

Andrea», die schon vor über vierzig Jahren «von einem verantwortungslosen Raser» totgefahren wurde. Wenn es auf der Landstraße doch zu einem Stau kommt, dann nur, weil allzu viele nach der Fahrt zur Sonntagsmesse weiter zum Wirtshaus drängen. Hier ist die Welt auf andere Art noch in Ordnung als in Mantel: Die CSU regiert kohlrabenschwarz, von der FDP hat noch nie jemand gehört.

Im Höllbachtal ist alles maigrün, und das offenbar das ganze Jahr über. Das Moos gedeiht vom beständigen Zufluss aus den Granitfelsen. Obwohl die Regensburger reichlichen Gebrauch von ihrem verbrieften Recht auf den Waldspaziergang machen, lässt einem der Wald über der Donau die Illusion, ganz allein zu sein, begleitet allenfalls von einem Waldgeist, der auch eine Geistin sein darf. In Erinnerung an die Einsiedler, die es seit der Christianisierung im frühen Mittelalter regelmäßig aus den Metropolen Straubing und Passau hier herauf zog, hat ein moderner Nachzügler eine wenig winterfeste Hütte errichtet und sie mit frommen Bildern und Zeichen aus allen Religionen und Glaubensrichtungen ausgekleidet. Der zweifellos fromme Mann ist leider nicht da, auch fehlt die Glocke, ihn zu rufen und ihn zu fragen nach dem Sinn und Zweck seines anachoretischen Treibens in der idyllischen Ausflüglernatur. Aber vielleicht würde er auch gar nichts sagen, weil er sich ein Schweigegelübde auferlegt hat, als Protest gegen das Dauergeschwätz der modernen Welt, würde vielleicht nur stumm auf seine kaleidoskopische Bildergalerie verweisen und dafür einen Obolus erbitten, damit er weiter gegen die moderne Welt anschweigen kann. Die Ausflügler, die sich im Forst ohne weiteres vereinzeln und verlieren konnten, scheinen sich drunten im Donautal sämtlich in einem Café in Wiesent zu ballen, wo nach riesigen

Sonntagsschnitzeln keineswegs kleinere Kuchenportionen ausgeteilt werden. Aber auch das gehört zur Wallfahrt und ist außerdem als Essen im Ehrengedächtnis an den so früh heimgegangenen Strauß zu verstehen.

31

Bei meinem Auszug aus Regensburg sitzen die Leute auch in der Stadt in der Sonne. Sollte nicht irgendwann doch noch der Winter einbrechen, der eisige Geselle, von dem so viel Aufhebens ist in den Büchern? Pflichtschuldig habe ich noch das Kulturprogramm absolviert, die fürstlichen Gemächer besichtigt und den Dom, noch mal die Steinerne Brücke bewundert, an der wir vorzeiten beinah gekentert wären. Damals ging die Reise im Faltboot die Donau hinab, an Passau vorbei und durch die Wachau nach Wien, sogar durch einen kleinen Abschnitt der Tschechoslowakei, die noch ein gemeinsamer Staat war, aber hinter dem Eisernen Vorhang. Ein stahlgraues Motorboot der Grenztruppen hat uns begleitet, bis sie sicher waren, dass wir nicht noch mal auf ihrer Flussseite anlegen und ganz bestimmt weiter nach Ungarn paddeln würden.

Von Regensburg sind es keine hundertvierzig Kilometer mehr bis ans Ziel. Das Ziel ist Altötting, aber der Zweck der Wallfahrt war doch ein langes Dankgebet für das Ausscheiden der FDP. In Landshut wohnt ein Leser, ein Leserbriefschreiber, der sich über meine mangelnde Liebe für diese Partei beklagt hatte. Wir sollten darüber reden. Ich suche im Telefonbuch, da steht er, und er geht auch ans Telefon. Der Anruf überrascht ihn, aber er ist zu einem Treffen in Landshut bereit. Das muss jetzt zum Ende hin sein, die Legitimierung meiner Wallfahrt durch wahrhaft Gläubige.

Der Auszug aus Regensburg braucht seine Zeit, doch wenigstens sind es hier keine Lagerhallen- und Reifendienst-Alleen. Der Stadtrand ist nach Süden aufgewölbt, und den jenseitigen Hang hinab, wo die Orte Galgenberg, Mühl, Grass und Neuprüll heißen, wuchern Kleinfamiliensiedlungen. Die Dörfer, die sie einmal waren, sind kaum mehr zu erkennen in den immer gleichen Häusern, die noch im Rohbau bezogen werden, der Garten oft mit winterfestem Spielgerät ausgestattet, der Grill für den Sommer schon bereit. Die anderen haben einen Fruchtbarkeitsbaum dastehen, dem oberbayerischen Maibaum nachgebildet, aber statt der Zunftzeichen sind sie mit Babykleidung, Löffel und Puppen behängt, obendrauf einen Sperrholzstorch und vorne den geknittelten Befehl, dass sich innerhalb eines Jahres (so großzügig ist man dann doch) Nachwuchs einzustellen habe, sonst erscheine anstatt der Kinder die ganze Freundesbagage und lade sich zu Speis und Trank. Wobei es sicher ein Leichtes ist, das vorläufige Ausbleiben der fest eingeplanten Fortpflanzung durch Maximilian und Marie mit den hohen Abzahlungskosten für dies schöne Heim in Sichtweite eines Grünstreifens zu rechtfertigen.

Die Sonne steht segnend über dem Land und seinem sichtbaren Wohlstand. Die Männer sind bei der Arbeit, die Frauen auch, die Kinder zu wenige, um Lärm zu machen, alles ist perfekt aufgeräumt. Am Ortsende, als ich eben um die Kurve komme, erscheint ein Mann mit zwei bösartigen und wahrscheinlich entsprechend teuren Doggen, die einander gurgelnd anfallen. Als er meine Angst sieht, verfällt der Halter auf das seltsamste Kompliment: «Die wollen bloß mit Ihnen spielen, deshalb sind sie aufeinander eifersüchtig.» Gern hätte ich Belege für die kynologische Erkenntnis gefunden, dass die Größe der Hunde mit der Entfernung von der Stadt abnimmt, aber es gibt erfreulicherweise bald gar keine mehr.

Dafür gibt es noch genug kleine Waldstücke, um sich drin zu ergehen, aber der Wald ist zum Englischen Garten geworden, scheinwild und niemand weh. Trotzig verlaufe ich mich zwischen den Lehrpfaden und Joggerrouten. Ganz ungefährlich kann es in dieser gepflegten Landschaft dennoch nicht sein, wurde doch 1852, wie es auf einer Tafel unter einem Kruzifix in schönen gotischen Lettern heißt, der gräflich Lerchenfeld'sche Revierförster Michael Fürst «meuchlings erschossen», von Wilderern vermutlich, die er beim nicht ganz waidgerechten Einsacken eines Rehbocks überrascht hatte. Hier kann einer aber irren, soviel er mag, es führen längst alle Wege nach Altötting. Dennoch wäre ich, bei einem Anruf, der mich viel zu lange vom genaueren Schauen in dieser ländlichen Gediegenheit abhält, fast nach Bad Abbach und damit viel zu weit nach Westen geraten. So wird es spät und immer schwieriger, noch ein Nachtlager zu finden. Die Wirtschaft, auf die ich gehofft hatte, wird lieber renoviert, im nächsten Ort steht zwar ein Klostergebäude, aber kein Bett, schon gar nicht für einen verschwitzten Pilger. Der Bus wirft einen letzten Fahrgast aus, der sofort in der Dämmerung verschwindet. Aber gut, die haben alle ihre eigenen Häuser, für wen also ein Fremdenzimmer bereithalten?

Sollten sie eigentlich, denn über Jahrhunderte wurde nach Hellring zur hl. Ottilia gewallfahrtet, die blind auf die Welt kam, aber durch Gottes Segen das Augenlicht erlangte, weshalb sie besonders bei Augenkrankheiten als Beistand angerufen wird. Die umliegenden Bauern müssen die Pilger traditionell sogar mit Viktualien versorgen. Doch für jegliche Form von Beistand ist es jetzt zu spät, die Kirche ist verschlossen, und die Wallfahrt findet offiziell erst im Herbst statt. Hinter dem Zwiebelturm, der wie der Scherenschnitt eines orientalischen Palastes in die globale Nacht ragt (hat der Don Juan aus Regensburg doch nicht alle Ungläubigen verjagt?), versinkt die Sonne, als wollte sie niemals wiederkehren. Nie kam ich mir verlorener vor als in diesem wie geträumten Untergang.

Denn da ist nur die Landstraße und die Nacht. Keine zehn Kilometer wären es bis zu den Kurhotels in Bad Abbach, eine Kleinigkeit mit dem Auto, aber wer würde einen jetzt im Dunkeln mitnehmen? Schließlich kann ich mich telefonisch und mit mageren Koordinaten auf einem Reiterhof anmelden. Im Dunkeln vertue ich mich sogleich, laufe in den falschen Hof, ein Hund kommt seiner Pflicht nach und verbellt mich unter Einsatz seines ganzen Rachenraums. Zum Glück ist er an eine eiserne Kette gehängt, die beim Reißen wie eine ganze Geisterbahn rasselt, das Licht geht an, eine fragende Stimme irgendwo, bloß weg hier. Im richtigen Gehöft, hundertfünfzig Meter weiter, sind es gleich mehrere Hunde, die anschlagen, aber sie tun es hinter einem halb mannshohen Bretterzaun, und klein scheinen sie netterweise auch zu sein.

Der Besitzer bringt mich nach oben in die ausgebaute Dachschräge, wo zweihundert Videokassetten für verregnete Kindernachmittage bereitstehen und der Boden so glatt ist, dass sich jederzeit ein Balletttraining veranstalten ließe. Kochen will er sogar für mich, denn es gibt weit und breit nichts. «Ich erwarte Sie in einer Viertelstunde!» Eine Viertelstunde später, gesäubert und umgezogen, treffe ich unten im Flur auf einen anderen Mann, der sich eben die Arbeitsschuhe auszieht und als Lebensgefährte der abwesenden Hausherrin vorstellt, deren Vater wiederum im Nachbarhaus auf mich wartet.

Das Nachbarhaus ist ein umgebauter Stadel, der Raum Küche, Esszimmer und Wohnzimmer in einem. Auf einem riesigen Fernseher läuft ein elegischer Film. Ein Mann steht am Meeresufer, Wellen treiben heran, mollige Klavierakkorde sparen Worte und verbrauchen Zeit. Der Hausherr macht mir eine ordentlich geschnetzelte Currywurst mit, da achte er auf Qualität, einer richtigen Brotscheibe statt mit den üblichen Pommes und stellt mir eine Flasche Bier dazu. Er muss schon über siebzig sein, hat sich aber sehr gut gehalten. In einer orientalischen Gesellschaft fände er sein Auskommen ohne weiteres als Geschichtenerzähler. Er schafft es nämlich, während im Hintergrund jetzt eine Frau schweigend am Meeresufer steht, zwei Stunden lang ohne Punkt und Komma aus seinem Leben zu erzählen. Ich esse, er redet, ich trinke, er redet weiter.

Er stamme, erzählt er, und erzählen kann er wie keiner, aus einer der ersten Regensburger Familien und habe eine Bürgermeistertochter geheiratet. Drei Kneipen habe er zeitgleich geführt, darunter die erste für Studenten, eröffnet schon, ehe die Uni überhaupt nach Regensburg kam. Es lief gut bei ihm, und zwar weil er den Studenten den Weingenuss beibrachte. «Studenten wollen lieber Wein trinken als Bier, aus Statusgründen.» Jedenfalls bot er das Glas Wein zum Preis von einem Glas Bier an und machte damit den Umsatz. Den Wein kaufte er bei einem Winzer im Rheingau, den er kannte, zu dem er hinfuhr, mit dem er eine ganze Nacht um Viertelpfennige feilschte, bis er schließlich seine Gewinnspanne herausgeholt hatte. Und die Kellnerinnen, haben ihn die nie reingelegt, in die eigene Tasche gewirtschaftet? Aber solche Rückfragen braucht es bei diesem Redefluss kaum, wie alle guten Redner interessiert er sich nicht für sein Gegenüber. Die Kellnerinnen haben die Bestellblöcke ohne Durchschlag geführt und brauchten deshalb keine Bons abzurechnen, aber er ist ihnen irgendwann draufgekommen. Dann geht es ums Ablitern: Eine Flasche Asbach wird nicht ohne Not erbrochen, aber im günstigen Fall erbringt schon ein Stamperl das Geld für die ganze Flasche. Als Gastronom sei er später eine wichtige Gestalt in der Discoszene gewesen mit den entsprechenden Erfolgen bei den Frauen, was seine Frau natürlich nicht habe verstehen können. Immer fuhr er Jaguar, das war wichtig fürs Geschäft, damit die Kunden und die Gäste sahen, wie gut es lief bei ihm.

Unter seinem Hemd steigt die Schnittwunde von einer Herzoperation hoch. Würde ich ihn danach fragen, würde er mir bestimmt auch davon noch erzählen. Abgesehen von der knallhart recherchierten Beobachtung «Sie sind wahrscheinlich müde» ist er mit Geschichten aus seinem Leben bereits genug ausgelastet. Ich bin tatsächlich furchtbar müde, doch als guter Wirt bringt er mir noch ein zweites Bier und redet dann weiter. Dankbar, wie ich bin, frage ich ihn, ob er nicht auch Sprecher gewesen sei bei dieser tragenden Stimme oder doch Theater gespielt habe. Ja, erwidert er, so gern hätte er Theaterwissenschaften studiert, das sei sein Traum gewesen, aber dann sei seine Frau schwanger geworden, er habe Geld verdienen müssen. Deshalb kann er heute in epischer Ausführlichkeit über seine Kneipen, seine Frauen und auch über den späteren Papst reden, der eine Zeitlang sein Nachbar war und immer – er macht es vor – mit dem Segen grüße. Joseph Ratzinger als Eigenheimbesitzer, auch schön, aber das ist Regensburg: weltoffen, und dann doch wieder nett, so gastfreundlich wie mein Wirt, der noch viel mehr zu erzählen hat.

Seine Frauen: «Eigentlich sollte man sie nach fünfzehn Jahren austauschen.» Seine erste sei dann krank geworden, sie habe beim Reiterball wahrscheinlich zu viel getanzt. Ja, Reiter ist er natürlich auch und hat immer Zeit gefunden, neben seiner Tätigkeit als Gastronom und große Nummer in der Regensburger Szene, lange Ausritte zu unternehmen. Darum auch dieser Reiterhof. Im Fernseher gehen jetzt die Wellen stärker, kein Mensch steht mehr am Ufer, die letzten Mollakkorde verklingen, es muss eine ziemlich traurige Geschichte gewesen sein, aber die ist nun auch vorbei.

Der Hausherr ist deswegen noch lange nicht fertig. Er ist nämlich noch viel mehr als Gastronom und Reiter und gewesener *ladies' man*, er ist Züchter. Sein Eigentliches, sein Herzensanliegen ist der Norwich-Terrier. Und er züchtet nicht bloß, sondern war, mit seiner jahrzehntelangen Erfahrung, sogar der Rassebeauftragte im Klub für Terrier. Rassebeauftragter, das scheint wirklich so zu heißen und mein Gastgeber alles vom Thema zu verstehen, so geläufig spricht er von Habitat und Heritat und den Rassemerkmalen, die seine Varietät vor anderen auszeichnen. Zurzeit ist er mit dem Verein wegen irgendwelcher Gesundheitsfragen über Kreuz und hat keine Lust mehr, seine Zeit damit zu verplempern, erzählt aber doch, wie er den Terrier 1976 in England entdeckte und inzwischen seit mehr als zwanzig Jahren züchtet. Dazu gehört, wie er beiläufig erwähnt, dass der Hund kupiert, dass ihm also der Schwanz gekürzt werden muss. Über tausend Tiere habe er so bearbeitet, versichert er, und den Schnitt immer so gut angesetzt, dass es nur ganz selten geblutet habe. *And so to bed.*

32

Kurz vorm Aufwachen träumt mir unweigerlich von blutigen Hundeschwänzen, dazwischen die großen Augen der Hunde, die immerhin rücksichtsvoll genug sind, mich nicht anzubellen, aber dafür so treuherzig, wenn auch verwundet schauen, dass es sogar mir ans hundefeindliche Herz greift. Der Schwiegersohn des Rassebeauftragten macht mir das Frühstück, und siehe da, auch er hat viel zu erzählen. Wir sitzen jetzt in seinem Wohnzimmer mit Kamin und aus den USA mitgebrachten Fellen. Er ist Mitte fünfzig, Spenglermeister und hat wegen seiner Arbeit enorme Probleme mit der Hüfte. Die Berufsgenossenschaft erkennt die Beeinträchtigung nicht an: «Als Selbständiger musst du arbeiten, bis du in die Grube fällst.» Er klagt außerdem darüber, dass der Sohn seiner Lebensgefährtin als Scheidungskind viel zu sehr verwöhnt werde, zu seiner bevorstehenden Erstkommunion, da legen sie alle zusammen, da bekommt er ein eigenes Gartenhäuschen.

Der Garten, das wird sein Opus magnum. Obwohl er längst in seine Werkstatt fahren müsste und seinen Mitarbeiter am Telefon schon einmal vertröstet hat, muss mir der Spengler unbedingt diesen Garten vorführen, mir zeigen, wie er einmal sein wird. Noch ist alles Anlage, Skizze, Rohbau. Aber der Swimmingpool ist ausgehoben und ausgemauert, die Schieferplatten zum Terrasseneingang sind gelegt, die Kammer für die Wärmepumpe ausgeschachtet. Die Grillhütte ist so gut wie fertig («Wir sind absolute Grillfans»), aber er wird sie noch mit Teppichfliesen, die sich leicht saugen lassen, auslegen. «Da kannst du dann im T-Shirt drinsitzen, so warm ist das.» Gleich daneben, nur eben kleiner, steht die Grillhütte noch einmal, ist aber als Heim für den Hund vorgesehen, der bei dieser allgemeinen Aufwertung der Wohn- und Lebensqualität auch nicht schlechter gestellt werden soll als der Mensch. An Weihnachten hat der Mann die Terrasse und den Garten mit lauter Bäumen möbliert und bengalisch beleuchtet, «es war wirklich die Weihnachtsstimmung!» Sechzig- bis achtzigtausend Euro wird sein Wundergarten am Ende kosten, sagt er stolz und schwärmt wieder davon, wie die Anlage einmal sein wird, wenn sie fertig ist. «Und da drüben auf der Wiese müssen wir dann für die Ferienkinder ein Tipi aufstellen, da können sie Indianer spielen!»

Die Straße, die so höllenfinster war gestern Abend, strahlt und blitzt heute im hellen Sonnenschein. Am Weg eine runde, der Trajanssäule in Rom nachgedachte Säule, die ein Bauer vor bald hundertfünfzig Jahren seiner verstorbenen Frau errichtet hat, und darauf ein schmiedeeisernes Kreuz. Eine Geherin, die hoffte, hier draußen unbehelligt ihr Abnehmprogramm absolvieren zu können, kommt mir keuchend den Hügel hoch entgegen. Ich darf hinab in das Tal der Laaber, in dem sich noch der Morgendunst staut. «Mir war es wie ein ewiger Sonntag im Gemüte», heißt es am Anfang von Eichendorffs «Taugenichts».

In einer Gastwirtschaft im Orte Rohr traf, wie eine in die neue Mauer eingefügte Inschrift vermeldet, im Jahre 1809 am 18. April «von Osten kommend» Erzherzog Karl ein und, zwei Tage später, «von Westen kommend» Kaiser Napoleon. Was die Inschrift nicht preisgibt, obwohl sich die dazugehörige Pizzeria nach dem Kaiser der Franzosen und nicht nach dem österreichischen Heerführer nennt, ist der Anlass für das Treffen, das keineswegs bei einem Krug schäumenden Biers in der damaligen Gaststube, sondern draußen auf dem Schlachtfeld über der Laaber stattfand. Österreich war unbesonnen genug gewesen, sich gegen den Kaiser zu stellen, und hatte das benachbarte, aber mit Napoleon verbündete Bayern angegriffen. Da das französische Heer, unterstützt von den Bayern, fast dreimal so stark war wie das habsburgische, war es für Napoleon eine Kleinigkeit, die Österreicher wegzuputzen. Der stolze Generalissimus Karl musste sich mit seinen Truppen über die Donau in die Oberpfalz zurückziehen, Napoleon rückte auf Wien vor, verlor noch einmal gegen Karl, um ihn in Wagram dafür um so fürchterlicher zu schlagen. In Wien machte er, ein Militär zwar, aber deshalb keineswegs ohne Manieren, dem Kaiser, Karls Bruder Franz, seine Aufwartung und ehelichte im Jahr drauf dessen Tochter Marie-Louise, zuerst nur *per procurationem*, denn er war nach Art moderner Ehemänner bei seinen ganzen beruflichen Verpflichtungen gerade nicht abkömmlich. So schickte er den Maréchal Berthier, neuerdings (sehr taktvoll!) Prince de Wagram, auf dass der die achtzehnjährige Braut aus den Händen des Fürsten Trauttmannsdorff entgegennehme. Die Zeremonie vollzog sich dergestalt, dass an der österreichisch-bayerischen Grenze, genauer in St. Peter am Hart im Sprengel Braunau, drei hölzerne Hütten errichtet wurden, wovon die erste als das Land Österreich, die zweite als neutrales oder Niemandsland, die dritte schließlich als die neue Heimat der Braut, als das gloriose Frankreich, figurierte. Am Ende musste die arme Heimatvertriebene auch noch ihre ganzen Kanari und sogar ihr allerliebstes Schoßhündchen zurücklassen.

Als Österreicherin war Marie-Louise in Braunau eingetroffen, nach der Passage durch die drei Hütten verließ sie es als besserer Mensch oder doch als Französin. Ein Gefolge von dreihundert Damen und Herren hatte sie begleitet, ihr geholfen bei den verschiedenen Investituren, sie also *à la fran-*

çaise frisiert und auch sonst modemäßig auf das Land vorbereitet, das vor siebzehn Jahren mit ihrer Großtante Marie
Antoinette recht kurzen Prozess, sie nämlich einen schönen
Kopf kürzer gemacht hatte. Die neuerliche Heirat sollte dem
Frieden dienen und folgte dem Wahlspruch des Hauses Habs-
burg, wonach die Kriege bittschön die anderen führen wollten,
während das glückliche Österreich sich mit Heiraten beschäf-
tigte. Die unglückliche Marie-Louise schenkte ihrem Gemahl
dann zwar den ersehnten Sohn, aber der Kaiser führte dennoch Krieg: gegen Preußen, gegen Österreich und am Ende,
unberaten, auch noch gegen Russland.

In Rohr, das doch keiner kennt, weil es etwas abseits liegt
und eher für Katholiken gedacht ist, errichtete Egid Quirin
Asam in der Kirche der Augustinerchorherren den Hochaltar
mit der Himmelfahrt Mariens, ein geträumtes *«theatrum
sacrum»*. Schwerelos steigt die Maria nach oben, schon ganz
entkörperlicht, völlig losgelöst von der Erde und von himmlischen Mächten sacht gezogen, von unten, also von mir mit
meinen schmerzenden Gelenken voller Neid betrachtet. Vor
dem Stift lungern die üblichen Jugendlichen herum, die die
übliche Bildungsfahrt nach Rohr unternehmen mussten und
sich natürlich furchtbar langweilen.

In der Wirtschaft daneben – zu jeder Wallfahrtskirche
gehört eine gescheite Wirtschaft – findet heute der Altenfa-
sching statt. Nach und nach defilieren die Senioren herein,
Frauen zumeist, weil die doch länger leben und auch weniger
Probleme als die Männer damit haben, sich eine komische
Nase umzuschnallen oder einen doofen Hut aufzusetzen.
Der Pfarrfahrdienst, überjährige Töchter, duldsame Pfleger
haben sie hergebracht. Mürrisch sind eher die Männer, für die
Frauen ist es eine gern genommene Abwechslung. Am Ruck-

sack, an den Stöcken erkennen sie den Wallfahrer und bestellen im Vorbeigehen ein Vaterunser, das ich für sie in Altötting beten möge. Wird selbstverständlich gemacht, oder sollte ich ausgerechnet hier, in der beginnenden Lustbarkeit, mit der Wahrheit heraus? Mir fällt der arme FDP-Kandidat ein, der bleichsüchtig von den Plakaten lächelt. In diesen katholischen Erblanden wird er keinen Stich machen, zumal sich die CSU mit den Freien Wählern ihre eigene Opposition hält. Die SPD braucht's erst recht nicht, wie mir unterwegs immer wieder versichert wurde, wir sind in Bayern.

Zum Nachbarraum wird der Paravent geschlossen, aber der bestürzend junge Alleinunterhalter ist doch zu hören, der die bunte Gesellschaft zu Frohsinn und Heiterkeit auffordert. Er erzählt bejahrte Witze über das Verhältnis der Geschlechter, bringt bewährte Zoten und skandiert seine Performance regelmäßig mit «Jetzt geht's los!». Dazu klatscht er und fordert damit sein Publikum auf, in einen fröhlichen Rundgesang einzustimmen. Die Polonaise wagt er bei der Gesellschaft lieber nicht, aber bei der Erkenntnis, dass einmal ein Wein sein werde, die Anwesenden aber möglicherweise nimmermehr, klirren die Gläser erregt mit. Beim Prosit der Gemütlichkeit muss ich aber endlich doch weiter. Das Ende ist nahe.

Der aus jeder Brauereiwerbung vertraute blauweiße Himmel verengt sich mit einem Mal durch ungeheure Quellwolken. Der Himmel geht zu wie eine Bühne. Es wird ein kurzer Schauer, zu einem richtigen Landregen reicht es zum Glück nicht, aber nach diesem schneelosen Winter dürstet es dieses Land nach jeder Art von Feuchtigkeit. Trocken, wie der Boden ist, spritzt die Erde vom Aufprall der zunächst zählbar wenigen Tropfen hoch, ehe mit der Fortdauer des Regens der Boden die Farbe wechselt, dann alles suppt, das Wasser auf der Erde Blasen bildet, von einem unbekannten Treibmittel schäumt und das Land für wenige Minuten im Regensturz untergeht oder jedenfalls hinter einem undurchdringlichen Vorhang verschwindet. Der Schauer kommt fast passgenau vor einem Jägerstand, überdacht, wenn auch keineswegs ganz dicht, aber mit einem Logenblick über die ausgedörrte Wiese.

Es muss sich um eine entlaufene Wolke gehandelt haben, denn als sie weiterzieht, wird es sofort wieder hell, und nichts folgt dem plötzlichen Guss nach. Die Luft ist klar und feucht, der Boden dick und lehmig, der Dreck macht die Schuhe schwer. Die Rauchsäule ist auch wieder da. Mehr als einen Tag lang begleitet sie mich links vorne oder im Südosten als unerwartete Orientierungshilfe. Sie ist ganz weiß, aber nicht durchsichtig und muss kilometerhoch in die Stratosphäre reichen. Unweigerlich erinnert sie an die Rauchsäule, die vor dem Volk Israel herzieht, das von seinem Gott zu einer vierzigjährigen Wanderschaft durch die Wüste gezwungen wird. Es ist aber nur der Wasserdampf, der über dem Doppel-Atomkraftwerk Ohu aufsteigt, eine letzte Erinnerung an das Atomzeitalter. Isar I ist bereits abgeschaltet, der Rückbau läuft, Isar II wird folgen.

Sonst ist es der weite Barockhimmel, der mich seit der Walhalla umfängt. Zum Abend sind die Kondensstreifen, die den Himmel durchkreuzen, weil der Münchner Flughafen nicht weit ist, wie hintergrundbeleuchtet. Schaumig werden sie und immer röter, chinesische, vielleicht indonesische Zeichen, eine Schrift, wieder einmal nicht zu entziffern, ein wahres *theatrum sacrum*.

Landshut, aber das macht die Eile, in die ich jetzt unweigerlich gerate, bleibt dann nach all den Kirchen, Marterln und Andachtsstätten eher unterbesichtigt. In Landshut findet jedoch das Treffen mit dem FDP-Sympathisanten statt. Wie es sich gehört, ist er Zahnarzt, beeilt sich aber zu versichern, dass er kein Mitglied der FDP sei, nicht mal ihr treuer Wähler, sondern dass er erst nach reiflichem Erwägen die für ihn richtige Partei ankreuze. Überhaupt tut er einen ganzen Abend lang alles, um nur ja nicht dem Klischee Zahnarzt-FDP zu entsprechen. Es ist die erste politische Diskussion unterwegs, aber andererseits sind das Landshuter Essen und das Bier auch nicht zu verachten.

33

Über die Burg geht es hoch und wieder ins Land hinein, das sich, nicht anders als in Mitteldeutschland, vor allem durch das großzügige Ausbringen von Jauche bemerkbar macht. In Geisenhausen hat nach dem Krieg eine Zeitlang der Dichter Günter Eich gelebt, auch ziemlich vergessen inzwischen. Eich war eigentlich Naturlyriker und wandelte sich zum kriegsheimkehrerhaft knappen Nihilisten. Aber was hätte Eich zu den beiden Schwänen gesagt, die sich, als wüssten sie, dass ihr Treiben im spiegelnden Teich verdoppelt wird, fast Bürzel an Bürzel entgegenstehen und über die Schulter blinzelnd überlegen, ob sie auch ein gutes Bild abgeben?

Vilsbiburg umringt sich wieder mit den vertrauten Autohäusern und Abholmärkten, und erst weit drin und im Dunkeln ist die Stadt zu ahnen. Mit viel Glück findet sich ein spartanisches Zimmer über einem Café, aber darauf kommt es jetzt auch nicht mehr an. Altötting ist fast in Sichtweite. Die Leute fragen nur mehr aus Höflichkeit nach dem Ziel, sie kennen es ohnehin. Zu besseren Jahreszeiten strömen hier aus allen Richtungen die echten Pilger zusammen, Männer zumeist, eher älter, dunkel gewandet, mit starker Stimme gemeinsam den Rosenkranz betend.

Erinnerungen werden mit der Zeit immer unschärfer, also immer besser. Diese kommt mit jedem «Bett's a Vatterunser für mi!». Nach bald fünfzig Jahren sehe ich mich noch, wie ich im Erstkommunionsanzug, der schon wieder zu klein ist, 1968 mit den Mannerleuten von Dießen am Ammersee nach Andechs hinaufbete, einen Rosenkranz nach dem anderen mitleiernd. Die Männer sind vorne beisammen und beten den ersten Teil des «Gegrüßet seist Du, Maria», die Frauen, ihrerseits zusammen und selbstverständlich erst dahinter einsortiert, respondieren mit «Heilige Maria, Mutter Gottes». Das Zweite Vaticanum hatte eben kleine Korrekturen in der Liturgie gebracht, und dazu gehörte auch, dass aus den «Weibern», unter denen Maria gebenedeit sein sollte, «Frauen» wurden. Obwohl der Anstieg auf den Heiligen Berg mit der Zeit Kraft kostete, fand einer der frommen Waller hinter mir noch genug Luft, um die betreffende Zeile kirchenkritisch zu verlängern: «Gebenedeit unter den Frauen, *für uns bleims Weiber*, und gebenedeit ist die Frucht deines Leibes, Jesus.»

Ich durfte im bewussten engen Anzug vorangehen und das Kreuz tragen, das oben in der Wallfahrtskirche dann unsere fromme Schar auszeichnete vor allen anderen. So stolz bin ich erst wieder gewesen, als ich auf der Bühne der Kammerspiele in München Standartenträger sein durfte, während vor mir Hamlet, der dicke Prinz von Dänemark, sein Leben aushauchte.

Der Weg verläuft fast durchweg an einer kleinen eingleisigen Bahnlinie, auf der tatsächlich noch recht häufig Züge verkehren. Bei der Rast in Neumarkt-St. Veit serviert die Bedienung den ersten richtig schlechten Schweinebraten auf dieser *Tour de porc*, aber sie hat es auch eilig, sich zum Stammtisch zu gesellen, an dem die Männer Geschichte machen. Noch ist die Sache mit Hoeneß nicht ausgestanden, die Frage also offen, ob er wirklich ins Gefängnis wandert. Und Christian Wulff? Braucht es dessen Prozess wirklich? Und hat Deutschland echte Chancen bei der WM, jetzt, wo Hoeneß von Bayern weg ist? Ein Einziger ist dabei, der den heimischen Dialekt nur unzureichend beherrscht. Trotzdem ist er vermessen genug, auf seinem Rederecht zu bestehen. Als er es aber übertreibt, als er im Ernst den Mainzer Karneval oder dessen Aufscheinen im Fernsehen zu rühmen anhebt, wird es der Bedienung doch zu viel. «Mir schaung des ned o», sagt sie, «des is ja ned unsa Fasching.» Der Zugewandte mag zunächst gar nicht lassen von seinem demokratischen Recht, sich für einen Fasching seiner Wahl zu entscheiden, aber die Bedienung, die auch die Wirtin ist, weist ihn mit harten Worten zurecht. «Doch ned do bei uns, na, des geht schon gleich überhaptt neda.» Aber so sind wir in Bayern, und Pardon wird nicht gegeben.

34

Was bin ich inzwischen müde! Der rechte Fuß drückt, die beiden Knöchel sowieso, die Beschwerden in den Kniekehlen haben seltsamerweise aufgehört. Von der gesamten Strecke musste ich bestimmt ein Drittel an Bundesstraßen entlanggehen, das wären quisiquasi zweihundertsiebzig Kilometer. Das heißt zweihundertsiebzig Kilometer lang der Blick auf windgekämmtes Hartgrün, eingeschwärzt von dem Kondensat, das auch Katalysatoren hinterlassen. Zweihundertsiebzig Kilometer den Blick auf entgegenkommende Autos gerichtet, damit sie einen sehen und ausweichen, oder, wenn sie's nicht tun, selber zur Seite springen, auf die Böschung, an die Leitplanke. Der Horror, der Horror.

Trotzdem und so kurz vor dem Ziel der Gedanke, es sollte gar nicht mehr aufhören, sondern immer so weitergehen, über Altötting hinaus, den Inn hoch, durch Tirol, die alte Brennerstraße hoch, die Route, die der Taugenichts nahm (wobei Eichendorff selbstverständlich nie in Italien war). In Italien müsste es jetzt sogar noch schöner sein. Die Berge unterwegs wohlversorgt mit Schnee, der in Deutschland heuer leider ausblieb, die Bäche abwärtsstürzend voll Schmelzwasser, gesperrte Pässe, und dann schon die südliche Wärme nach Cortina hinab, auf dem Weg nach Venedig, auf dem Weg, den Tizian und Dürer zogen. Hänschen klein ging allein.

Ein Jogger überholt mich, seine Frau auf dem Fahrrad als Schrittmacher voran. An der Kurve bleibt er stehen, dreht sich um, läuft auf der Stelle, starrt, läuft und fällt dann sein vernichtendes Urteil: «Sie halten die Stöcke ja ganz verkehrt. Da werden Sie noch große Rückenprobleme kriegen.» War jetzt vielleicht alles falsch? Achthundert Kilometer und alle falsch gegangen? Der Jogger empfiehlt einen Nordic-Walking-Kurs. Depp.

Der strahlende Sonntagmorgen kann die aufsteigende Sinnkrise gerade noch einmal vertreiben. Dann kommt auch schon die Brücke über den Inn, und auf einer anderen Route der Landshuter FDP-Sympathisant mit seiner Frau. Spontan haben sie sich entschlossen, in zwei Tagen die Strecke nach Altötting unter die Füße zu nehmen, vielleicht als Gegenzauber gegen mein fast abgeleistetes Gelübde. Gemeinsam ziehen wir ein. In Altötting wartet leider kein Empfangskomitee, da sind keine anderen Wallfahrer, aber auch keine FDP, die damit natürlich erfolgreich exorzisiert wäre. Dafür steht im Gasthof zur Post wirklich und wahrhaftig der Eigentümer Gerold Tandler an der Rezeption, ehemaliger CSU-Generalsekretär, mächtiger Innenminister und noch mächtigerer Kreditnutzer von Eduard Zwicks Gnaden, und freut sich, dass eins seiner unterrenovierten, aber dafür überteuerten Zimmer auch im Winter genutzt wird. Die FDP mag untergehen, die CSU bleibt ewig bestehen.

35

Es ist vorbei, Zeit also für ein Memento, notfalls auch mori. In der Stiftspfarrkirche mäht hoch über dem Eingang der «Dod vo Eding» (Tod von Altötting) mit seiner Sense im strengen Takt unter den Sterblichen. Am 30. April 1632 erwischte es nach zweiwöchigem Siechtum Johann t'Serclaes von Tilly. Der kaiserliche Feldmarschall hatte sich viele berühmte Treffen mit dem schwedischen König und seinem Heer geliefert, die der protestantischen Christenheit beistehen wollten. Tilly gewann die bereits protestantisch gewordene Oberpfalz mit Feuer und Schwert seinem Kaiser und der katholischen Kirche zurück. In der Schlacht in Rain am Lech wurde Tilly jedoch durch eine Kanonenkugel tödlich verwundet. Zwanzig Jahre dauerte es, bis seinem Wunsch entsprochen und er aus Ingolstadt nach Altötting überführt und in der heute nach ihm benannten Kapelle neben der Stiftspfarrkirche beerdigt werden konnte. Bereits 1630 hatte er sechstausenddreihundert Gulden für ein Beneficium gestiftet, mit dem «bis in alle Ewigkeit» jeden Morgen um sieben an seinem Grab eine Messe gelesen werden sollte. 2009 wurde die Verpflichtung kirchlicherseits schnöde aufgelöst, weil der Bischof nachgerechnet und festgestellt hatte, dass selbst bei bester Verzinsung das Kapital längst aufgebraucht wäre. Beten kann man aber immer noch an seinem metallenen Sarg, der oben ein kleines Sichtfenster hat.

Tillys Herz war schon bald nach seinem Tod in der Kapelle vor dem Gnadenbild bestattet worden. Der fromme Militär war der Altöttinger Madonna so ergeben, dass er auf seinen Feldzügen immer eine der Jungfrau Maria geweihte Fahne mit sich führte. Dem eher aztekisch anmutenden Brauch, einem Toten das Herz herauszunehmen, es in einer kostbar gefassten Kapsel zu bergen und dann in die nächste Nähe des wundertätigen Bildes zu bringen, sind alle bayerischen Könige seit Max I. Joseph gefolgt. Tilly war zwar von Adel, aber nicht aus kurfürstlichem oder königlichem Haus, deshalb ruht sein Herz nicht draußen, sondern ist im Boden versorgt.

Vor der Kapelle wird noch mal alles zusammengerechnet: Hamburg–Altötting fünfunddreißig Tage, etliche Umwege, achthundertfünfundfünfzig Kilometer, zwei Handschuhe verloren, immer den rechten, unterwegs diverse Malaisen und jetzt der Fuß, der seit Tagen so weh tut. Aber was zählt das schon in der Bilanz, wenn ich die FDP durch einen beispiellosen Körpereinsatz besiegen konnte. Dreimal muss der fromme Pilger am Ende seiner Wallfahrt um die Gnadenkapelle herumgehen, aber das wird mir jetzt wirklich zu viel.

Für Xaver und Brigitte
und ihre Wohnung.

Das für dieses Buch verwendete FSC®-zertifizierte Papier *Schleipen Werkdruck* liefert Cordier, Deutschland.